HABLAR Y ESCRIBIR CORRECTAMENTE

Paula Arenas Martín-Abril

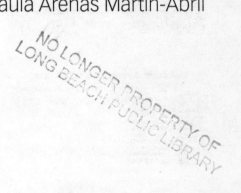

Copyright © EDIMAT LIBROS, S. A.
C/ Primavera, 35
Polígono Industrial El Malvar
28500 Arganda del Rey
MADRID-ESPAÑA

Colección: Manuales de la lengua española
Título: Hablar y escribir correctamente
Autora: Paula Arenas Martín-Abril

ISBN: 84-9764-505-7
Depósito legal: M-16774-2005

Diseño de cubierta: El Ojo del Huracán
Impreso en: COFÁS

IMPRESO EN ESPAÑA – *PRINTED IN SPAIN*

ÍNDICE

Capítulo I

Del correcto uso de las letras más difíciles

1. Las letras difíciles

Uno de los problemas más habituales en toda persona que escribe es el empleo de algunas letras que en el título de este capítulo y de este apartado denomino difíciles. Difíciles por varias razones, pero sobre todo por lo señalado por Alberto Buitrago y Agustín Torrijano:

> *«las posibilidades que un mismo sonido puede ofrecer al representarlo por escrito. [...] esas peligrosas arenas movedizas en las que todos hemos caído alguna vez: la be y la uve, la ge y la jota, la ese y la equis, la hache inicial e intercalada, etc.»*

> Alberto Buitrago y Agustín Torrijano:
> *Guía para escribir y hablar correctamente en español*

El hecho de que ciertas letras se pronuncien de la misma manera, siendo distintas, ocasiona dudas y más aún incorrecciones. Es a esas letras a las que me refiero con la denominación de difíciles.

Letras difíciles como la be y uve, porque ocasionan problemas y dudas a la hora de escribirlas, problemas derivados de lo antes mencionado, no diferenciación en su pronunciación de ambas letras, así decimos igual: *vaca*, *bote*, *vino*, *bebida*..., y, sin embargo, no se escriben de la misma manera, porque no son letras iguales. En *vaca* es una *v* mientras que en *bote* es una *b*. Se pronuncian igual, mas son letras diferentes.

Otra letra de las consideradas difíciles es la *h*, porque en español nunca suena (es letra muda), lo que origina dudas al escribir una palabra que contiene esta letra. Si no suena, ¿cómo saber que existe?

Con la letra *c* ante las vocales *e*, *i* y la letra *z* sucede algo parecido, pues ¿no pronunciamos de la misma manera la *c* de *cine* que la *z* de *zanco*?

La *i* y la *y* (cuando esta última es vocálica: *voy*, no consonántica: *yo*, *yema*...) suenan igual, mas no es igual escribir *y* que *i* (*vi*, *soy*).

Son también, o al menos así podemos considerarlas, letras difíciles la *g* y la *j*, pues ¿no decimos de la misma manera *gimnasio* que *jilguero*?, y, sin embargo, se escriben de manera diferente. De hecho, estas dos letras puede que sean las que más dificultades generan al escribirlas.

Más letras difíciles son la *ll* y la *y* (cuando el sonido de esta última es consonántico, como, por ejemplo, en *yema, yogur*), pues provocan en aquellos cuya pronunciación no diferencia ambos sonidos (*yema, llevar*), problemas y dudas.

Evidentemente, no vamos a eliminar absolutamente todos los problemas y dudas que generan estas letras difíciles, mas sí vamos a intentar facilitar su escritura, dando ciertas pautas que eliminarán la mayoría de las dificultades que origina a la hora de escribir. Esta obra trata de evitar que se escriba mal y que se hable mal, por lo que resulta inevitable dar un repaso sobre este asunto de las letras difíciles, que afecta a la escritura. Cualquier persona con cierta preocupación por que su expresión escrita sea lo más correcta posible no querrá que sus escritos se llenen de errores. Es cierto, y justo es señalarlo, que muchos confían en los correctores ortográficos de los ordenadores; no obstante, tal y como ya habrá comprobado la mayoría de los lectores, éstos no suelen acabar ni siquiera con la mitad de nuestros errores. Además, no podemos escudarnos en que los correctores harán el trabajo por nosotros, ya que, por ejemplo, cuando escribamos una carta a mano, ¿qué haremos?, o si tenemos que dejar una nota a un compañero de trabajo, ¿qué haremos? ¿Se imaginan dejar una nota a un compañero plagada de errores? Sí, ya sé que casi no se escribe a mano, pero esto no justifica que desconozcamos nuestra lengua, porque, aunque parezca que no, nada ni nadie hará por nosotros el trabajo de la corrección. Ni siquiera los correctores de los ordenadores.

2. Las confusas b y v

Comencemos por las dos letras que menos problemas suelen generar a la mayoría: la *b* y la *v*. Estas dos letras son pronunciadas de la misma manera por casi todos los hispanohablantes; ¿o no decimos igual *ven, beber, bata, vamos*? Muchas personas escriben estas letras casi siempre bien y de manera automática, y se preguntarán la razón. Es muy probable que se trate de personas que han leído lo suficiente para interiorizar, sin ser conscientes, la escritura de muchas palabras y no cometer apenas errores, y por eso tienen la sensación de que escriben estas letras bien de manera automática sin conocer las normas o pautas ortográficas. Sin embargo, nunca está de más conocer las pautas que guían la escritura de una letra o de otra, porque puede llegar el momento de solventar una duda, algo que sólo será posible si conocemos nuestra ortografía.

Además, este capítulo tiene la ventaja de que al dedicar un apartado a cada letra dudosa o difícil no será necesario leer todos los apartados, si no se quiere o precisa, pudiendo el lector acudir directamente a la letra o letras que más problema le causan. Se trata en este manual de poder consultar aquello de lo que no estamos muy seguros, o bien de leerlo entero para así refrescar lo que ya sabíamos y solventar las dudas que siempre se tienen.

2.1. ¿Cuándo se escribe la letra b?

A continuación se exponen las pautas que sigue esta letra, es decir, qué palabras se escribirán siempre, salvo las excepciones que se señalan, con la letra *b*. Junto a cada pauta se dan algunos ejemplos que facilitan la teoría.

Se escriben con *b*:

1. Los verbos terminados en *-bir* y todas sus formas verbales. Excepciones: *hervir, servir, vivir* y sus compuestos, es decir, los verbos que contienen *vivir*, como, por ejemplo: *sobrevivir, revivir, convivir...*

recibir (recibió, recibíamos, recibiré, recibiría, recibís, recibamos, recibido, recibiendo...), escribir (escribo, escribiríamos, escribía, escribí, escribirían, escribid, escribirás, escribamos...)

2. Los pretéritos imperfectos de indicativo *(amaba, cantaba, jugaba, saltaba, estaba...)* de los verbos de la 1.ª conjugación (terminados en *-ar*). En resumen: las desinencias propias del pretérito imperfecto de indicativo, que son: *-ba, -bas, -ba, -bamos, -bais, -ban* se escriben siempre con *-b-*.

Pretérito imperfecto de *amar: amaba, amabas, amaba, amábamos, amabais, amaban.*
Pretérito imperfecto de *cantar: cantaba, cantabas, cantaba, cantábamos, cantabais, cantaban...*

3. El pretérito imperfecto de indicativo del verbo *ir.*

iba, ibas, iba, íbamos, ibais, iban

4. Los verbos *beber, deber, caber, haber, saber* y todas sus formas.

debo, debes, deberé, cabrá, hubo, sabría, sabré, sabíamos, había, beberán...

5. Las palabras en que el sonido *b* preceda a otra consonante, cualquiera que sea. En los ejemplos se puede apreciar cómo la *b* precede a otra consonante; en *amable*, por ejemplo, la *b* precede a la *l*.

amable, admirable, asombro, cable, bramar, bruto, obtuso, abdomen, sable...

6. Todas las palabras que terminan con sonido de *b*.

Jacob, club, Job

7. Todas las palabras que contengan a final de sílaba el sonido *b*.

observar, absolver, subrayar, obtener...

8. Las palabras que comienzan por *bibl-*.

biblioteca, bibliotecario, bibliografía, Biblia, bíblico...

9. Las palabras que comienzan por *bu-*.

buzo, bulo, buche, búho, bufón...

10. Las palabras que comienzan por *bur-*.

burgués, Burgos, burgalés, burla, burlador, burlado, burbuja, bursátil...

11. Las palabras que comienzan por *bus-*.

buscar, busto, busca, búsqueda, buscón.

12. Las palabras que acaban en *-bundo* y también en *-bunda*.

nauseabundo/a, meditabundo/a, moribundo/a

13. Las palabras acabadas en *-bilidad*. Excepciones: *movilidad, civilidad*, y sus compuestos.

posibilidad, amabilidad, probabilidad, debilidad, visibilidad...

14. Las palabras que empiecen por *bio-*. Y las palabras que contengan tal sílaba.

biografía, biodiversidad, bioética, biofísica, bioquímica, biotipo... microbio, aerobio...

15. Las palabras compuestas, que son aquellas que están formadas por dos palabras, cuyo primer elemento es *bien-* o *bene-*.

bienaventurado, beneplácito, bienvenido, bienhallado, bienhechor, bienestar...

16. Los verbos cuya terminación es *-buir*.

retribuir, distribuir, atribuir...

17. Las palabras que comienzan por los siguientes prefijos:

bis- (dos): *bisiesto, bisílabo*

bi- (dos): *billete, bipolar*

biz- (dos): *bizcocho, biznieto*

Debe tenerse en cuenta que sólo cuando estos prefijos signifiquen dos se escribirán con *b*. Es importante no olvidarlo, ya que ello podría inducir a error.

2.2. ¿Qué palabras se escriben con v?

Veremos en este apartado ciertas pautas o normas a seguir para el correcto empleo de esta letra, tratando de evitar la confusión con la letra *b*, de igual dicción en español pero no de igual escritura.

Debe tenerse siempre presente que un error de este tipo, es decir de confusión entre *b* y *v*, es del todo inadmisible y genera una mala opinión de la cultura de una persona. La lengua es una carta de presentación, por eso es muy importante expresarse, ya sea oralmente ya sea por escrito, con toda la corrección posible. Por ello no debemos dudar en acudir cuantas veces sea necesario a manuales de consulta y diccionarios. Sólo así iremos consiguiendo conocer a fondo la lengua que hablamos, la lengua con que nos comunicamos y que dirá de nosotros mucho más de lo que pensamos.

Se escribe uve:

1. Después de *ad-*:

adversario, adversidad, Adviento, advertir

2. Después del prefijo *sub-*:

subvención, subversivo, subvalorar, subvertir

3. Después del prefijo *ob-*:

obvio, obviamente, obviedad

4. Las palabras que empiezan por:

eva-: *evasión, evacuar, evaluar, evadir, evangelista, evaporación*
eve-: *evento, eventual*
evi-: *evidente, evitar*
evo-: *evocar, evolucionar*

Excepción: *ébano* y sus derivados (*ebanista*), pues empieza por *eba-* y no se escribe con la esperada *v* sino con *b*. Debemos recordar siempre las excepciones pues pueden jugarnos una mala pasada.

5. El presente de indicativo, el imperativo y el presente de subjuntivo del verbo *ir*:

presente indicativo	imperativo	presente de subjuntivo
voy		vaya
vas	ve (tú)	vayas
va	vaya (usted)	vaya
vamos	vamos (nosotros)	vayamos
vais	id (vosotros)	vayáis
van	vayan (ustedes)	vayan

6. El pretérito perfecto/indefinido, el pretérito imperfecto y el futuro de subjuntivo de los verbos *estar, andar, tener* y sus compuestos (*retener, sostener...*):

pretérito perfecto/ indefinido	pretérito imperfecto subjuntivo	futuro subjuntivo
estuve	estuviera/estuviese	estuviere
anduve	anduviera/anduviese	anduviere
tuve	tuviera/tuviese	tuviere
estuviste	estuvieras/estuvieses	estuvieres
anduviste	anduvieras/anduvieses	anduvieres
tuviste	tuvieras/tuvieses	tuvieres
estuvo	estuviera/estuviese	estuviere
anduvo	anduviera/anduviese	anduviere
tuvo	tuviera/tuviese	tuviere
estuvimos	estuviéramos/estuviésemos	estuviéremos
anduvimos	anduviéramos/anduviésemos	anduviéremos
tuvimos	tuviéramos/tuviésemos	tuviéremos
estuvisteis	estuvierais/estuvieseis	estuviereis
anduvisteis	anduvierais/anduvieseis	anduviereis
tuvisteis	tuvierais/tuvieseis	tuviereis
estuvieran	estuvieran/estuviesen	estuvieren
anduvieran	anduvieran/anduviesen	anduvieren
tuvieran	tuvieran/tuviesen	tuvieren

7. Las palabras que empiezan por los siguientes prefijos:

vice- (significado: en vez de, en lugar de):

vicepresidente, viceministro, vicealmirante, vicecanciller

viz- (significado: en lugar de):

vizconde, vizcondesa

vi- (significado: en lugar de):

virrey, virreinato

Recuérdese que cuando el prefijo es *biz-* (*biznieto*) su significado es dos y se escribe con *b* y no con *v*. Se escribirá *v* cuando el prefijo signifique 'en lugar de'. Por esta razón insistí anteriormente en la importancia de tener en cuenta esta distinción.

8. Los adjetivos acabados en:
   -*ava*: *esclava, octava*
   -*avo*: *esclavo, octavo*
   -*ave*: *suave, grave*
   -*eva*: *longeva*
   -*evo*: *longevo* (excepción: *mancebo*)
   -*eve*: *leve, breve*
   -*iva*: *decisiva, permisiva, nociva*
   -*ivo*: *decisivo, permisivo, nocivo*

9. Las palabras terminadas en:
   -*viro*: *triunviro*
   -*vira*: *Elvira*

10. Las palabras terminadas en:
    -*ívoro*: *carnívoro, herbívoro, omnívoro*
    -*ívora*: *carnívora* (excepción: *víbora*)

11. Los verbos acabados en -*olver*: *volver, devolver, resolver, absolver, disolver, revolver...*

12. Los nombres terminados en -*ivo*: *motivo, objetivo*. Excepción: *estribo*.

13. Algunas palabras que contienen -*bs*- seguido de consonante, como *obscuro, obscuridad, obscurecer, substracción, substraer, subscribir, subscrito, substancia, substancial, substrato,* pueden escribirse con *b*, como en los ejemplos anteriores, o sin ella, como en los siguientes: *oscuro, oscuridad, oscurecer, suscribir, suscrito, sustracción, sustraer, sustancia, sustancial, sustrato.*

Es preferible, sin embargo, escribirlas sin la *b*, es decir, de la siguiente manera: *oscuro, sustrato, sustancia, suscribir...*

Esto no supone que todas las palabras que contengan -*bs*- seguido de una consonante puedan prescindir de la *b*. Sólo sucede en las palabras antes señaladas.

2.3. *Palabras homófonas con b y con v*

En este apartado vamos a ver palabras que suenan igual pero que, sin embargo, no se escriben de la misma manera. Estas palabras reciben el nombre de homófonas, y en este caso la diferencia de escritura se halla en que en unos casos se escriben con *b* y en otros con *v*, variando el significado con ello. Son palabras con especial dificultad, ya que suenan, es decir, se pronuncian, de la misma manera.

Baca / vaca
Baca. Soporte que se pone sobre los coches para transportar objetos, maletas, etc.
   ¿Puedo llevar la bicicleta de Juan en la baca de tu coche? Mi coche no puede llevar baca.

Vaca. Animal.
   La leche que estamos bebiendo es de esa vaca. Esa vaca está enferma y vieja.

Bacilo / vacilo
Bacilo. Bacteria en forma de bastoncillo o filamento más o menos largo, recto o encorvado según las especies.
   No debe confundirse la palabra *bacilo*, que significa *bacteria*, con *vacilo*, que es la primera persona del presente de indicativo del verbo *vacilar*.

Vacilo. Primera persona del singular, presente de indicativo, verbo *vacilar*.
   Vacilé un momento antes de contestar.

Barón / varón
Barón. Título.
   ¿A ti te gustaría poseer el título de barón?

Varón. Hombre.

    Tiene un hijo varón, y el resto son mujeres.

Basto / vasto

Basto. Ordinario, soez.

    ¡Qué basto eres! Desde luego, creerás que ser tan ordinario y grosero te hace parecer más gracioso.

Vasto. Extenso.

    Fue un vasto imperio, aunque ahora te parezca imposible.

Bastos / vastos

Bastos. - Palo de la baraja (oros, copas, espadas, bastos).

    Tengo tres bastos y cuatro oros y hacen escalera respectivamente, así que te he ganado la partida.

    - Plural de basto (ordinario, soez).

    Déjalos, son todos unos bastos que no saben hacer otra cosa que decir palabrotas.

Vastos. Plural de vasto (extenso).

    ¡Qué vastos campos posees!

Baya / vaya

Baya. Tipo de fruto carnoso con semillas rodeadas de pulpa; por ejemplo, el tomate y la uva.

    La baya es un fruto.

    ¿No sabías que el tomate es una baya?

Vaya. Verbo ir.

    Déjalo que vaya él a comprar comida y bebida.

    Que vaya tu madre a recoger a Luis al colegio, porque yo no voy a ir.

Bello / vello

Bello. Hermoso, bonito.

    Es un bello relato.

    ¡Qué bello es vivir!

Vello. Pelo que sale más corto y más suave que el de la cabeza y de la barba, en algunas partes del cuerpo humano.

Susana nunca se ha depilado los brazos, y claro, los tiene llenos de vello.

Se ha depilado el vello que tenía en la cara, pero no el que tiene en los brazos.

Bienes / vienes

Bienes. Posesiones.

> *No me importa los bienes que tengas, me importas tú.*
>
> *A Marcos le han embargado todos los bienes materiales que había en su casa.*

Vienes. Verbo venir.

> *¿Vienes conmigo a la fiesta?*
>
> *¿Cuándo vienes?*

Bobina / bovina

Bobina. Carrete de hilo.

> *He gastado una bobina de hilo azul y otra de hilo rojo, ¿cuántas bobinas has gastado tú?*
>
> *¿Dónde está la bobina de hilo que te presté?*

Bovina. Referente al toro o a la vaca.

> *El abrigo que le compré al niño es de piel bovina.*

Bota / vota

Bota. - Calzado.

> *He perdido una bota y no tengo más botas, así que no podré ir a escalar hoy.*

- Recipiente para el vino, hecho de cuero.

> *¿Dónde está la bota de vino?*

- *Del v*erbo botar.

> *Como des un bote más te castigo, ¿tú crees que una persona normal bota en su casa?*

Vota. - Segunda persona del imperativo, verbo votar.

> *Vota, Juan. Es un derecho que tienes.*

- Tercera persona del singular, presente de indicativo, verbo votar.

> *Él ya vota porque ha cumplido dieciocho años.*

Botar / votar

Botar. Dar botes, saltos.

Cualquiera que se ponga a botar de manera exagerada en el concierto será expulsado, así que ni siquiera lo intentes.

Votar. Presentar el voto.

Mañana hay que ir a votar; son las elecciones municipales.

Bote / vote

Bote. - Barco.

Es bastante difícil, pero sé que conseguiremos llegar en este bote hasta la orilla.

- Del verbo botar.

El hecho de que él bote a todas horas no significa que tú también estés saltando todo el día.

- Nombre:

Como des un solo bote más te vas de casa.

Vote. Verbo votar.

Yo no le obligo a que vote al mismo partido que voto yo.

Cabo / cavo

Cabo. - Cada uno de los extremos de las cosas.

Tú agarra ese cabo de la cuerda y yo agarro el otro, ¿de acuerdo?

- Lengua de tierra que penetra en el mar.

¿Crees que llegarás hasta el cabo de Gata?

- Militar.

El mes que viene nombrarán cabo al primo de Belén.

Cavo. Verbo cavar.

Si cavo o no cavo un agujero para enterrar a mi gato es problema mío, no tuyo.

Grabar / gravar

Grabar. - Señalar con incisión o abrir y labrar en hueco o en relieve sobre una superficie un letrero, una figura o una representación.

Tienes que llevar a grabar la medalla que te regalaron tus abuelos cuando naciste.

- Captar y almacenar imágenes o sonidos por medio de un disco una cinta magnética u otro procedimiento, de manera que se puedan reproducir.

Tengo que grabar el disco de Tina Turner esta tarde en una cinta.

- Fijar profundamente en el ánimo un concepto, un sentimiento o un recuerdo.

Espero que hayas sabido grabar en tu corazón este amor que te he dado.

Gravar. Cargar, pesar sobre alguien o algo. Imponer un gravamen.

¿Crees que me va a gravar en la declaración de este año la compra de esta casa?

Nobel / novel

Nobel. Premio Nobel.

V. S. Naipaul es un gran escritor que además ganó el Premio Nobel.

Su sueño es llegar a alzarse ganador del galardón más importante: el Premio Nobel.

Novel. Inexperto.

Eres un conductor novel, así que no vayas muy rápido.

Me considero un escritor novel; tengo mucho que aprender todavía.

Rebelar / revelar

Rebelar. Sublevarse, no conformarse.

Cuando has podido rebelarte contra tu jefe no has querido, y ahora que no puedes quieres.

Hay veces en la vida en que a uno no le queda otra alternativa que rebelarse contra el sistema.

Revelar. - Descubrir.

Necesito revelarle este secreto a mi hermana, no puedo ocultarle la verdad por más tiempo.

- Hacer visible la imagen impresa en una placa o película fotográfica.

Estoy ansiosa por revelar este carrete de fotos que hice en Londres este verano.

Sabia / savia

Sabia. Persona muy cultivada, que sabe mucho.

Se cree una sabia por saber mucha literatura.

Siempre fue una sabia; aunque nadie se diera cuenta.

Savia. Líquido que recorre las plantas y los árboles.

A mí de pequeño me explicaron que la savia de las plantas es como la sangre de los humanos.

Si rompes ese tallo, podrás ver un líquido: es la savia de la planta.

Tubo / tuvo

Tubo. Pieza hueca, de forma por lo común cilíndrica.

Mete las canicas en ese tubo.

¿Me da un tubo de pastillas para el mareo, por favor?

Tuvo. Verbo tener. Tercera persona del singular, pretérito perfecto simple/indefinido.

Dicen que 'quien tuvo, retuvo'.

Lo tuvo todo, pero lo perdió, porque no supo conservarlo.

3. Una letra extranjera en nuestro abecedario: la w

Esta letra, la *w*, proviene de palabras extranjeras procedentes todas ellas de dos lenguas: el alemán y el inglés. Cómo se pronuncia, es decir si diremos *b*, *v* o *u*, pues ésas son las tres opciones que tenemos de pronunciación para la letra que nos ocupa, dependerá precisamente de la procedencia de la palabra en que está la letra *w*. Así, podemos afirmar que si la palabra de la que procede es alemana, la *w* se pronunciará *b*. Veamos un ejemplo:

Wagner: la dicción aquí es similar al sonido de la *b*. Decimos *Bagner*, como haremos en todas las palabras procedentes del alemán que contengan la letra *w*.

Si la palabra de la que procede es inglesa, la *w* se pronunciará *u*. Veamos unos ejemplos:

Wall Street, Washington, whisky: el sonido en este caso es como el de la *u*. Decimos *Uall Street, Uashington, uisky*. No pronunciamos en estos casos *b*, como sucedía en Wagner, sino que decimos *u*.

En las palabras que contienen *w* y que se han adaptado a nuestra lengua totalmente, esta letra ha sido sustituida por la *v*; es el caso de *vals, vatio, vagón, váter...* En alguna palabra también se ha sustituido la *w* por la *b*. Esto supone que en todos estos casos siempre se pronunciará *b*, ya que el español no diferencia *b* y *v*. Lo que no significa que se escriba siempre *b*, pues, como hemos visto, lo habitual es que se haya adaptado a nuestra lengua con la letra *v*.

Por último, conviene señalar que la palabra inglesa *whisky* ha sido admitida por la Real Academia Española con la siguiente grafía: *güisqui*. Este hecho no obliga a escribirla siempre así; también la grafía *whisky* es correcta.

4. Cuatro consonantes problemáticas: c, k, q, z

Las letras *c, k, q, z* representan dos sonidos:
a) Sonido *z* (*c, z*)
b) Sonido *k* (*c, q, k*)

4.1. *Sonido z (c, z)*

Encontramos este sonido en palabras como *bazar, celebrar, zarrapastroso, cielo...* Es el mismo sonido pero no la misma letra la que lo representa, pues en unos casos se escribe *c*:

celebrar, y en otros se escribe *z*: *bazar*. Luego el sonido *z* puede ser representado por dos letras: *c* y *z*.

¿Cuándo se escribe entonces *c* y cuándo *z*?

a) Se escribe *c* y suena *z* cuando este sonido precede a las vocales *e, i*.

celebración, cepo, cima, cielo, cerco, cimiento, central...

Excepciones: *enzima, nazi, nazismo, zéjel, zigzag, zipizape, zis zas...*

b) Se escribe *z* cuando este sonido precede a las vocales *a, o, u*.

zapato, zote, zarrapastroso, zángano, zurra, zopenco, zueco, zanco, zafio...

c) Cuando este sonido *z* aparezca a final de palabra se escribirá siempre z.

pez, diez, lombriz, faz, paz, mordaz, audaz, voraz, sagaz, rapaz, luz, vejez

El plural de estas palabras acabadas en z se hace añadiendo *-ces*:

pez - peces / paz - paces / raíz - raíces / barniz - barnices / mordaz - mordaces / juez - jueces / audaz - audaces / rapaz - rapaces / lombriz - lombrices

4.1.1. *Alternancia c y z para sonido z*

A continuación se expone una lista de palabras que pueden escribirse de dos maneras, es decir: con *c* y con *z*.

ázimo / ácimo	cinc / zinc	cebra / zebra
cedilla / zedilla	eccema / eczema	

4.2. *Sonido k (c, q, k)*

No se escriben igual pero suenan igual palabras como, por ejemplo: *codo, quemar, cama, cosa, quimera, quiste...*

En realidad el sonido que representa la *c* de *codo* o *cama* es el mismo sonido representado por la *qu* de *quemar* o *quimera*; sin embargo, no se escriben igual, lo que genera en algunas ocasiones ciertas dudas, que vamos a intentar en este apartado solventar para lograr así la correcta escritura de palabras 'dudosas' o 'difíciles'.

a) Se escribe *c* cuando precede a las vocales *a, o, u*:

casa, codo, cuerpo, camión, corbata, cuero, calabaza, cotorra, cubierto, caja...

Y también a final de palabra cuando el sonido sea *k* se escribirá *c*: *vivac, frac.*
Excepciones: *anorak, yak.*

b) Se escribe *qu* cuando precede a las vocales *e, i*:

queso, quiso, quemaré, quiste, queja, química, que, quien, quepan, quiebra...

La letra *k* aparece en ciertas palabras, algunas de las cuales pueden además escribirse con *qu*:

kárstico/a (dicho de una formación caliza: Producida por la acción erosiva o disolvente del agua) / *cárstico(a)*
kilo / quilo
kiosko / quiosco
kiwi (kivi) / quivi

En el caso de *kárate / karate* esta palabra sólo puede escribirse con *k*, aunque sí existan dos posibilidades en cuanto a la tilde, pues se puede escribir con ella: *kárate*, o sin ella: *karate*.

Existen otras palabras que sólo pueden escribirse con *k*:

kafkiano (perteneciente o relativo a Franz Kafka o a su obra)
kamikaze

kantiano (perteneciente o relativo a Kant o a su obra)
kantismo (sistema filosófico creado por Kant)
karaoke
karateca
karma
kayac (embarcación)
kebab
kéfir
kelvin (unidad de temperatura del Sistema Internacional)
keniata
krausismo
kuwaití

5. Juan Ramón Jiménez optó por escribir siempre j. Dos letras (g/j) para un mismo sonido (j)

Es cierto que el poeta Juan Ramón Jiménez optó por escribir jota siempre que el sonido fuera jota y prescindió así de la g que suena *j*. No obstante, este hecho no justificará que nosotros empleemos, amparados en Juan Ramón Jiménez, la letra *j* cuando sea la letra *g* la que deba escribirse.

El hecho de que estas dos letras representen un mismo sonido (*j*) en determinados contextos: *gimnasio, jirafa, jefe, gelatinoso*... genera dudas que todos conocerán, pues ¿quién no se ha preguntado alguna vez si se escribe *g* o *j* en una palabra? El problema estriba en el uso de la letra *g* para dos sonidos diferentes, ya que la letra *j* siempre representa el mismo sonido (*jabalí, jerga, jilguero, joven, judíos*...).

Así, la letra *g* representa al:

a) Sonido *g*: *gato, gueto, guiso, gusto, gorgorito, gargantilla, garganta*...

b) Sonido *j*: *gente, gimnasio, gimió, gelatina, general, gesto, gestionar*...

5.1. La letra g

a) La letra *g* equivale al sonido suave de *g* cuando preceda a las vocales *a, o, u: gamba, gato, gota, alguno, algo, garabato, gol, gorgorito, gasa, goma, gama...*

b) La letra *g* irá seguida de *u* formando *gue, gui* cuando preceda a las vocales *e, i* y represente al sonido suave de *g* (*gato*): *gueto, freguemos, guiso, proseguir, guitarra, aguerrido, guisante, guerra...*
Llevará diéresis esta *u* cuando se deba pronunciar, ya que de no aparecer la diéresis la *u* no suena.

antigüedad, lingüística, averigüéis...

c) Representará la letra *g* al sonido *j* cuando preceda a las vocales *e, i* (sin la *u* que la hacía suave: *gueto, guiso...*): *gente, gimnasio, gimió, gelatina, gemido, gesto, gestor...*

5.1.1. Uso de la letra g

1. Se escriben siempre con *g* las palabras que empiezan por *gest-*:

gesta, gesticular, gesto, gestoría, gestar, gestación...

2. Se escriben con *g* las palabras terminadas en:
-*gélico*: *angélico*
-*genario*: *octogenario, sexagenario*
-*géneo*: *homogéneo, heterogéneo*
-*génico*: *fotogénico, transgénico*
-*genio*: *ingenio*
-*génito*: *congénito, primogénito*
-*gesimal*: *sexagesimal*
-*gésimo*: *quincuagésimo*
-*gético*: *energético, apologético*

3. Se escriben con *g* las palabras que empiezan por -*geo*: *geografía, geólogo, geología, geometría...*

4. Las palabras con las siguientes terminaciones y sus derivados se escriben con *g*:

-*logía*: *geología (geólogo, geológico), ginecología (ginecólogo/a)*
-*gogía*: *pedagogía (pedagogo/a)*

5. Se escriben con *g* los verbos terminados en:
-*igerar*: *aligerar*
-*ger*: *proteger*
-*gir*: *fingir*

Se escriben con *g* todas las formas de los verbos con las treminaciones ya señaladas, salvo las formas que contienen los sonidos *ja, jo*, que se escriben con *j*: *protejo, proteja, protejas, protejamos, protejáis, protejan, finjo, finja, finjas, finjamos, finjáis, finjan...*

6. Las palabras que acaban en las siguientes terminaciones se escriben con *g*:
-*algia*: *neuralgia*
-*ígena*: *indígena*
-*ígeno*: *oxígeno*
-*ígera*: *belígera*
-*ígero*: *belígero*
-*gen*: *gen, margen*
-*gencia*: *regencia...* (excepción: *majencia*)
-*gente*: *vigente, exigente...*
-*ginal*: *original*
-*gismo*: *neologismo* (excepciones: *salvajismo, espejismo*. Que se escriban con *j* en vez de *g* se debe a que derivan de adjetivos con *j: salvaje, espejo*).
-*gia*: *magia, demagogia...* (excepciones: las palabras terminadas en -*plejia* / -*plejía*: *apoplejía, paraplejia...*)
-*gio*: *regio*
-*gional*: *regional*
-*gionario*: *legionario*
-*gírico*: *panegírico*
-*gioso*: *prodigioso*

5.2. *Letra j*

La letra *j* siempre equivale al sonido *j*, y puede ir ante cualquier vocal: *jamón, jefe, jirafa, jocoso, juglar, jofaina, jeroglífico, jabón...*

5.2.1. *Uso de la letra j*

1. Todas las palabras que derivan de otras que se escriben con j se escribirán también con *j*:
   caja, cajera, cajero; ojo, ojito, ojazo; espejo, espejismo; salvaje, salvajismo, salvajada.

2. Se escriben con *j* las palabras terminadas en:
   -aje: *doblaje, coraje, bagaje, patinaje...*
   -eje: *hereje, peje...*
   -jería: *cerrajería, conserjería, extranjería...*

3. Los verbos terminados en *-jar* y sus formas se escriben con *j*:
   trabajar (trabajo, trabajas, trabaja, trabajamos, trabajáis, trabajan...); arrojar (arrojo, arrojas, arroja, arrojamos, arrojáis, arrojan...); sajar (sajo, sajas, saja, sajamos, sajaba, sajaré, sajaría, sajasen...).

4. Los verbos que terminan en *-jer* y sus formas se escriben con *j*:
   tejer (tejo, tejes, teje, tejemos, tejéis, tejen, tejerá, tejía, tejerían...).

5. Los verbos terminados en *-jir* y sus formas se escriben con *j*:
   crujir (cruje, crujid, crujen, crujía, crujirán...).

6. Los verbos terminados en *-jear* y sus formas se escriben con *j*:
   homenajear (homenajeo, homenajeas, homenajea, homenajeáis, homenajean...); cojear (cojeo, cojeas, cojea, cojeaba, cojeará, había cojeado...); hojear (hojeo, hojeas, hojea, hojeamos, hojeáis, hojean...).

7. El pretérito perfecto simple y el pretérito imperfecto y futuro de subjuntivo de los verbos *traer*, *decir* y sus derivados (es decir, que contengan diochos verbos: *contraer, contradecir...*).

pretérito perfecto/ simple	pretérito imperfecto	futuro subjuntivo
traje	trajera/trajese	trajere
dije	dijera/dijese	dijere
trajiste	trajeras/trajeses	trajeres
dijiste	dijeras/dijeses	dijeres
trajo	trajera/trajese	trajere
dijo	dijera/dijese	dijere
trajimos	trajéramos/trajésemos	trajéremos
dijimos	dijéramos/dijésemos	dijéremos
trajisteis	trajerais/trajeseis	trajereis
dijisteis	dijerais/dijeseis	dijereis
trajeran	trajeran/trajesen	trajeren
dijeran	dijeran/dijesen	dijeren

5.3. Palabras homófonas con g y con j

Recuerde el lector que son palabras homófonas aquellas que suenan igual pero que se escriben de distinta manera, lo que es motivo de duda en más ocasiones de las que nos gustaría; más aún, es motivo de error en más ocasiones de las que desearíamos. Por esta razón se incluyen en este apartado dos casos que sonando igual se escriben diferente: con *g* y con *j*.

Agito / ajito

Agito. Primera persona del singular, presente de indicativo, verbo agitar.

Déjame a mí, que yo agito mejor que tú el biberón del niño.

Si agito mucho esta botella de cerveza, cuando la abras saldrá todo el líquido disparado.

Ajito. Diminutivo de ajo.

Me gusta ponerle un ajito a la paella, le da un sabor muy bueno.

Si le pones un poco de ajito a la ensalada queda fenomenal.

Vegete / vejete

Vegete. Verbo vegetar. Tiene tres significados:

1. Dicho de una planta: Germinar, nutrirse, crecer y aumentarse.

2. Dicho de una persona: Vivir maquinalmente con vida meramente orgánica, comparable a la de las plantas.

3. Disfrutar voluntariamente vida tranquila, exenta de trabajo y cuidados.

Han dicho que, aunque tu padre vegete ahora, quizá en el futuro pueda volver a vivir normalmente.

Si así lo ha decidido, pues que vegete y disfrute de una vida más tranquila.

Vejete. De viejo.

No me molesta que me llamen vejete, porque sé que lo hacen con cariño.

Ayer conocí al padre de tu novio, y me pareció un vejete muy agradable.

6. La letra que en español nunca suena: la h

La letra *h* no representa en español ningún sonido, sólo se pronuncia en palabras extranjeras: *Hitler, Hegel, hello, hi...*

El hecho de que no se pronuncie en español da lugar a ciertas confusiones a la hora de saber si una palabra debe escribirse con *h* o sin ella. Por esta razón damos a continuación ciertas normas.

6.1. Se escriben con h

1. Las palabras derivadas y compuestas de otras que tengan h: *gentilhombre, bienhallado, hombrecito, hierbabuena...*
Excepciones: las palabras *óseo, ososo* provienen de la palabra *hueso* (con h) y sin embargo no tienen h.

2. Las palabras que comiencen con los diptongos:
-*ia*: *hiato*
-*ie*: *hiena, hielo, hiela, hiedra, hiel, hierático, hierba, hierro*
-*ue*: *huelo, huerto, hueso, huelga, huevo*
-*ui*: *huida, huido*

3. Los verbos *haber, hallar, hacer, hablar, habitar* y todas sus formas verbales.
Haber: hay, había, habría, habrá...
Hallar: hallamos, hallo, hallarán, hallaron, hallaría...
Hacer: haré, haría, haremos, harán, harías...
Hablar: hablaríais, hablaré, habla, hablemos, hablad, hablo...
Habitar: habito, habitado, habitabas, habitará, habitaron...
También los compuestos formados con estos verbos llevarán h:
deshacer (deshago, deshaces, deshace...)
deshabitar (deshabitaron, deshabitarán, dehabita...)
rehacer (rehago, rehaces, rehace...), etc.

4. Se escribe h intercalada en las palabras que contengan el diptongo *ue* precedido de vocal: *cacahuete, alcahueta.*

5. Las palabras que empiezan por:
• *hagio-* (significa santo): *hagiografía, hagiónimo*
• *hecto-* (significa cien): *hectogramo, hectolitro, hectómetro*
• *helio-*: *heliocéntrico, heliofísica, heliómetro, heliomotor, heliograbado, heliógrafo*
• *hema-*: *hemacrimo, hemangioma*
• *hemato-* (significa sangre): *hematoma, hematocrito, hematófago, hematología*

- *hemo-* (significa sangre): *hemorragia, hemodiálisis, hemofilia, hemoglobina, hemograma, hemopatía*
- *hemi-* (significa medio): *hemiciclo, hemisferio, hemistiquio*
- *hepta-* (siete): *heptagonal, heptámetro, heptasílabo, heptaedro, heptarquía*
- *hetero-* (significa diferente): *heterosexual, heterociclo, heterogeneidad*
- *hidra-*: *hidracida, hidragogía*
- *hidro-* (significa *agua*): *hidroavión, hidrobiología, hidrocarburo, hidroeléctrico*
- *hiper-* (significa superioridad): *hipermercado, hiperactividad, hiperclorhidria*
- *hipo-* (significa inferioridad): *hipotenso, hipoalergénico, hipocalcemia, hipocentro*
- *holo-*: *holocausto, holografía, holograma*
- *homo-* (significa igual): *homófono, homogéneo, homógrafo*
- *histo-*: *historia, historiador, histología*
- *horm-*: *horma, hormiga, hormigón*
- *herm-*: *hermético, hermoso, hermenéutica*
- *holg-*: *holgado, holgazán*
- *hosp-*: *hospital, hospedaje, hospedería*
- *hum-*: *humo, humidificador*

6.2. La letra h y el lugar que ocupa en la palabra

La *h* puede aparecer en la palabra en tres lugares diferentes:

a) Al principio de palabra: *hombre, hambre, harto, hastío, humo, humor, helado, hematoma, helicóptero...*

b) Dentro de la palabra: *gentilhombre, cacahuete, vaho, deshacer, deshelar, bienhallado, aprehender...*

c) Al final de palabra, si bien estos casos son pocos y se trata de interjecciones: *¡bah!, ¡uh!, ¡ah!, ¡eh!, ¡oh!*

6.3. *Palabras homófonas con h y sin h*

El hecho de que haya palabras que suenen igual al pronunciarlas pero que sin embargo se escriban de manera diferente ocasiona errores y provoca dudas. En el caso de la *h* son más frecuentes aún si cabe. A continuación se da una serie de palabras que se dicen igual pero se escriben de manera diferente, en unos casos con *h* y en otros sin ella.

Echo / hecho
Echo. Verbo echar.
> *Si sigues portándote mal en clase, te echo del aula y te mando a tu casa castigado.*
> *Yo no echo pimentón a las patatas, no me gusta.*

Hecho. Participio del verbo hacer.
> *He hecho una sopa de verduras y arroz para Rosa.*

Echa / hecha
Echa. Verbo echar.
> *La profesora siempre me echa a mí de clase porque me tiene manía.*
> *Echa de clase a los alumnos que no te obedezcan.*

Hecha. Verbo *hacer*.
> *Estás hecha una pena, ¿por qué no te arreglas un poco?*
> *La comida está hecha, así que vengan todos a la cocina a comer.*

A / ha
A. Preposición.
> *De Madrid a Barcelona hay bastante distancia, sin embargo en avión tardas muy poco tiempo.*
> *Voy a casa de Mirta.*

Ha. Verbo haber.
> *Ha de buscar la solución ella sola, es la única manera de que resuelva el problema de forma definitiva.*
> *Ha de tener mucho cuidado con ese hombre, de lo contrario tendrá problemas.*

Hablando / ablando

Hablando. Gerundio del verbo hablar.

Dicen que hablando se entiende la gente, pero en este caso me resulta difícil de creer.

Ablando. Gerundio del verbo ablandar.

Yo solo no ablando este trozo de cera, tendrás que ayudarme tú.

¡Hala! / ala

¡Hala! Interjección.

¡Hala, levántate!

Ala. De un pájaro, insecto, avión...

El pajarito de Sergio no puede volar, porque se ha lastimado un ala.

Aprender / aprehender

Aprender. Instruirse.

Siempre me ha gustado aprender de la gente, por eso escucho a todos con atención.

Aprehender. Asir, prender a alguien o bien algo, especialmente si es de contrabando.

Fueron aprehendidos dos kilos de cocaína.

Aré / haré

Aré. Del verbo arar.

De niño aré muchos campos con mi tío, por eso conozco tan bien la tierra.

No recuerdo cuánto tiempo aré tus tierras, sólo sé que desde que no lo hago tus cosechas no son buenas.

Haré. Verbo hacer.

Haré lo que tenga que hacer, no lo que tú mandes que haga.

Haré todo lo posible, pero no te aseguro que pueda llegar a tiempo.

Arte / harte

Arte. - Virtud, disposición y habilidad para hacer algo.

¡Qué arte tienes, hermosa!

- Manifestación de la actividad humana mediante la cual se expresa una visión personal y desinteresada que interpreta lo real o imaginado con recursos plásticos, lingüísticos o sonoros.

Hoy se ha inaugurado la exposición de arte.

- Maña, astucia.

Estás haciendo uso de tus malas artes conmigo.

Harte. Verbo hartar.

Vas a conseguir que me harte de estar contigo.

As / has

As. - Carta de la baraja (uno).

Si no llega a ser por ese as de espadas, seguro que gano esta partida.

- Campeón.

Juan es un as, desde niño he sabido que había nacido para ganar.

Has. Del verbo hacer.

Has hecho todo lo que los demás han querido que hagas, pero nunca lo que tú deseabas.

¿Has visto hoy la televisión?

¡Ay! / hay

¡Ay! Interjección.

¡Ay, mi cabeza! Me va a estallar con tanta palabrería y grito inútil.

¡Ay!, ¡qué empujón me ha dado ese señor!

Hay. Del verbo haber.

Hay pocos niños en tu clase.

¿Hay clase hoy?

E / He

E. Conjunción.

Beatriz e Inocencio salen juntos.

He. Verbo haber.

Te he amado siempre, te he respetado siempre, pero tú no has sabido verlo.

Ojear / hojear

Ojear. Mirar a alguna parte. || Lanzar ojeadas a algo. || Mirar superficialmente un texto.

Ojeé la revista, pero no pude leerla.

Hojear. Mover o pasar ligeramente las hojas de un libro o de un cuaderno.

Dice que no sabes hojear un libro.

Aya / haya

Aya. Persona encargada en las casas principales de custodiar niños o jóvenes y de cuidar de su crianza y educación.

El aya cuidará bien a Carlitos.

Este collar perteneció al aya de mi abuelo.

Haya. Forma verbal de haber.

Que levante la mano el que haya sido.

Haya venido o no, la situación no variará.

Habría / abría

Habría. Verbo haber.

Habría venido si me lo hubieras pedido.

Habría hecho más comida si me hubieras dicho que venías a comer.

Abría. Verbo abrir.

Cuando era joven siempre abría la puerta de casa dando una patada al pomo.

Hizo / izo

Hizo. Verbo hacer.

Me hizo tanto daño con su desprecio que ya no seré capaz de perdonarle.

Ayer hizo Juan la cena.

Izo. Verbo izar.

Izo la bandera todas las mañanas.

Asta / hasta

Asta. Cuerno.

> *Ese toro sólo tiene un asta.*
>
> *Con esa asta el toro de Pepita no hará daño a nadie.*

Hasta. Preposición.

> *Podríamos quedarnos en esta cafetería esperando hasta que llegue Juan.*
>
> *¿Hasta cuándo te quedarás en Madrid?*

Hora / ora

Hora. Tiempo.

> *¿Podría usted decirme la hora?*
>
> *¿Qué hora es?*
>
> *Llevamos una hora esperando a tu hermana Sonia.*

Ora. - Del verbo orar.

> *Ora por todos nosotros.*

- Conjunción.

> *Ora lloras, ora ríes, no hay quien te entienda.*

Hola / ola

Hola. Saludo.

> *Hola, ¿qué tal te va?*

Ola. Onda en el mar.

> *¿Has visto esa ola? Era inmensa; si nos sorprende en el agua seguro que nos da un buen revolcón.*

Horca / orca

Horca. Conjunto de uno o dos palos verticales sujetos al suelo y otro horizontal del cual se cuelga por el cuello, para dar muerte a los condenados a esta pena.

> *Un antepasado de Carla fue condenado a la horca.*

Orca. Cetáceo.

> *La orca es un animal peligroso.*

Hoya / olla

Hoya. Concavidad u hondura grande formada en la tierra. || Hoyo para enterrar a un cadáver.

Le obligué a sacar el ataúd de la hoya donde había sido introducido.

Olla. Vasija para guisar.

He comprado una olla grande para preparar una paella.

Deshecho / desecho

Deshecho. Participio del verbo deshacer.

Belén ha llegado a casa a las diez, y nada más hacerlo ha deshecho la cama.

Desecho. - Verbo desechar.

Siempre que puedo desecho todo aquello que no sirve.

- Sustantivo.

Los desechos se tiran a la basura.

7. Más problemas: y, ll

La pronunciación de estas dos letras debería ser diferente; sin embargo, cada vez es más frecuente que se pronuncien igual, ocasionando en consecuencia los consabidos problemas a la hora de saber si una palabra se escribe con *y* o con *ll*. Los problemas y las dudas se originan cuando la *y* se halla en palabras como *yema, yo, rayo...*, en cuyo caso su sonido es consonántico (y no vocálico, como en *carey, ay, uy, estoy, muy, y...*), y por ello susceptible de ser confundido con la *ll* (*llover, llave, llegar...*). Por esta razón dedicamos el presente apartado a conocer las pautas de escritura de cada una de las dos consonantes.

7.1. *La letra y*

La letra *y* representa dos sonidos:

a) Sonido vocálico, como si fuera una *i*: *muy, carey, ay, uy, estoy, voy, soy, doy, y...*

b) Sonido consonántico: *boya, yeso, yate, yerno, desayuno, ayuno...* Es precisamente cuando la *y* respresenta este sonido consonántico cuando surgen las dudas.

7.1.1. *Se escriben con y*

1. Las palabras que terminan en sonido *i* precedido de una vocal con la que forma diptongo o triptongo: *soy, voy, doy, estoy, ay, uy, buey, ley, jersey, muy...* Excepciones: *bonsái, saharaui, paipái* (puede también escribirse, y así lo reconoce la RAE: *paipay*).
   El plural de las palabras acabadas en *y* se escribe también con *y*: *buey - bueyes; ley - leyes.* Excepción: *jersey - jerséis.*

2. La conjunción *y*: *Ana y Juan / tú y yo / el coche y la moto...*
   Se usará la conjunción *y* siempre que no preceda a una palabra que comience con *i* o *hi*, pues en dicho caso se sustituirá por *e*: *Beatriz e Inés / monasterios e iglesias / indecoroso e indigno...*

3. Se escribe y después de:
   ad-: *adyacente, adyuvante*
   dis-: *disyuntiva, disyunción*
   sub-: *subyacer, subyacente, subyugante*

4. Se escriben con *y* las palabras que contengan *-yec-*: *inyección, abyecto, proyecto.*

7.2. *Se escriben con ll*

1. Las palabras terminadas en:
   -illa: *chiquilla, casilla, mesilla, perilla, tablilla*
   -illo: *chiquillo, martillo, cigarrillo, gatillo, pitillo, bolsillo*

2. Casi todos los verbos (y sus formas) que terminan en:
   -illar: *pillar (pillo, pillaba, pillaré, pillarían...), trillar, maquillar*

-ullar: magullar *(magulló, ha magullado, magullaron...)*
-ullir: mullir *(mulles, mullo, mullimos...)*

7.3. Palabras homófonas con ll y con y

De la misma manera que hemos ido viendo en pasados apartados que existían palabras dudosas a la hora de escribirlas por sonar igual pero escribirse de distinta forma, sucede con las dos consonantes que nos ocupan. Incluimos por ello aquí un apartado con palabras homófonas con *y* y con *ll*, que generan muchas veces dudas y dificultades.

Arrollo / arroyo

Arrollo. Verbo arrollar.

Si no te quitas de la carretera ahora mismo te arrollo con el coche.

Arroyo. Riachuelo.

Antes bebíamos el agua que baja por ese arroyo, pero el arroyo se secó el verano pasado y no ha vuelto a tener agua.

Calló / cayó

Calló. Verbo callar.

Se calló en cuanto vio a su padre acercarse a ella con gesto amenazante.

Cayó. Verbo caer.

Se cayó al suelo y como no se podía levantar llamamos a una ambulancia pensando que se había roto una pierna.

Halla / haya

Halla. Verbo hallar.

El que busca, al final siempre halla. O eso es lo que mi madre siempre me ha dicho.

Haya. Verbo haber.

El que haya dicho esa palabra malsonante que salga ahora mismo a la pizarra, o castigaré a la clase entera.

Malla / maya

Malla. Red. || Vestido de tejido de punto muy fino que, ajustado al cuerpo, usan en sus actuaciones los artistas de circo, bailarinas, etc.

Me pondré una malla negra para la actuación de esta noche.

Maya. Relativo al pueblo o a la cultura de los mayas.

Conozco una hermosa leyenda maya.

Pollo / poyo

Pollo. Animal.

En el corral del tío Paco no queda más que un pollo, ya se los han comido todos.

Poyo. Banco de piedra, yeso u otra materia.

Siéntate en ese poyo, porque vas a tener que esperar un buen rato.

Rallar / rayar

Rallar. Desmenuzar algo restregándolo con el rallador.

Todavía no está preparada la comida, falta rallar el queso.

Rayar. Hacer rayas. || Tachar lo manuscrito o impreso, con una o varias rayas. || Estropear una superficie con rayas o incisiones.

Al final vas a rayar la mesa.

Rallo / rayo

Rallo. Verbo rallar.

Siempre rallo el pan duro y lo uso para empanar la carne o el pescado, aunque mi madre prefiera la harina.

Rayo. Chispa eléctrica producida por descarga entre nubes o entre una nube y la Tierra.

Que me parta un rayo si miento en lo que estoy diciendo.
No es lo mismo un trueno que un rayo, ya deberías conocer la diferencia.

Valla / vaya

Valla. Vallado o estacado para defensa. ‖ Línea o término formado de estacas hincadas en el suelo o de tablas unidas, para cerrar algún sitio o señalarlo.

Si se te olvidan las llaves de la puerta del jardín, salta la valla de la entrada.

Vaya. Verbo ir.

Me ha pedido que vaya a buscarla a la estación.

8. No parecen difíciles, pero a veces...: la m y la n

Estas dos letras representan sonidos diferentes que habitualmente no ofrecen problema alguno, pues todos diferenciamos ambas consonantes sin mayor dificultad. Ahora bien, en ciertas palabras, tal y como comprobará el lector en este apartado, se producen confusiones; razón por la que a continuación damos ciertas pautas que facilitarán el uso correcto de la *m* y la *n*.

8.1. Uso de la m

1. Delante de *p*, *b* siempre va *m*, nunca *n*: *amparar, acampar, bamba, bomba...*

2. Las palabras *currículum, auditorium, álbum* se escriben con *m* y nunca con *n*.

3. Delante de *n* se escribe *m* en casos como: *alumno, columna, himno...*

8.2. Uso de la n

1. Se escribe *n* siempre que preceda a *v*: *enviar, enviudar, envolver, envenenar...*

2. Se escriben con *n*: *ennegrecer, innoble, innato, connotación, circunferencia...*

9. Una simple y otra doble: la r y la rr

La *r* representa un sonido, el de: *cara, baraja, cera, coro, barato, barullo*...; y la *rr* representa otro sonido, el de: *carro, barro, corro, barra, rata, ratón, rueda*... Ahora bien, en ciertas ocasiones nos encontramos ante dudas como: ¿se escribirá biorritmo o bioritmo?, ¿se escribirá pararrayos o pararayos? Para tratar de solventarlas incluimos a continuación ciertas pautas acerca del uso de ambas letras.

9.1. *Uso de la r*

1. La *r* simple se escribirá cuando suene como *cara, coro, muro*..., pero también a principio de palabra aunque en dicha posición su sonido siempre es el de *rr*: *rata, rabo, rol, rueda, recorrido, robot, renacer, rival, rosario, reliquia, religión*...

2. Siempre se escribirá *r* cuando vaya precedida de *l, n* aunque su sonido sea el de *rr*: *malrotar, enrolarse, enriquecer, enrojecer, enrollar*...

3. Se escribirá *r* cuando siga a:
   post-: *postromanticismo*
   sub-: *subrayar, subreino*

9.2. *La letra rr*

Esta letra siempre representa el mismo sonido: *corre, amarra, berrea, carro, barro, morro, burro, corro, chorro*...

Ya hemos visto que es representado por la *r* simple cuando va a principio de palabra: *rosa, Rita, ruso, realidad, rotar*..., y cuando va precedida de *l, n*: *enrojecer, malrotar, alrededor, honra*...

Cuando se trata de una palabra compuesta, y la segunda comienza por *r*, se escribirá *rr*: *contrarréplica, pararrayos*...

Es decir que aunque en su forma simple (*réplica*) se escriba con una *r* simple, al formar una palabra compuesta y dejar de estar la *r* a principio de palabra ha de escribirse como suena, esto es: *rr*. Así, aunque no sean compuestas, cuando a una palabra que comienza por *r*: *rector, rey...* le anteponemos otra palabra y formamos una compuesta, o bien le anteponemos un prefijo: *virrey, vicerrector,...* al pasar la *r* a posición intervocálica se escribirá *rr*.

No obstante, cuando las palabras que se componen lo hacen mediante un guión, la *r* aunque su sonido sea *rr* ha de seguir escribiéndose *r* simple: *bielo-ruso*.

10. La letra que cada vez se pronuncia menos: la x

El sonido que representa esta letra es: *ks, gs*. Aunque, y justo es señalarlo, lo cierto es que cada vez es más habitual que se pronuncie la *x* como una *s*, lo que origina dudas en su escritura, sobre todo cuando la *x* está a principio de palabra: *xilofón, xenofobia*. No obstante, aunque en la dicción no se pronuncie todo lo correctamente que debería pronunciarse esta consonante, lo que desde luego no será perdonable será escribir una *s* cuando sea *x*. Valga el siguiente ejemplo como ilustración de lo que vengo diciendo: **seso*. Si escribimos *seso* cuando queremos decir *sexo*, el error lleva además a una confusión importante, ya que una cosa es *sexo* y otra bien diferente *seso*.

10.1. Se escriben con x

Deben escribirse con *x* las palabras que empiezan por:
xeno-: *xenofobia, xenófobo*
xilo-: *xilófago, xilófono, xiloprotector*
ex- (prefijo): *excarcelar, extradición*
extra-: *extramuros, extrajudicial*

10.2. *Palabras homófonas con s y con x*

Existen, como ya sabe el lector, palabras que se escriben de manera diferente y por tanto significan distinto, pero que al pronunciarse de igual manera ocasionan ciertas dudas. Son las denominadas palabras homófonas.

Contexto / contesto

Contexto. Entorno lingüístico del cual depende el sentido y el valor de una palabra, frase o fragmentos considerados. ‖ Entorno físico o de situación, ya sea político, histórico, cultural o de cualquier otra índole, en el cual se considera un hecho.

No se pueden sacar las cosas de su contexto, ya que pierden su valor real, cambia su significado.

Todo depende del contexto en que suceda, ya que lo que en una situación puede ser muy adecuado en otra puede ser todo lo contrario.

Contesto. Primera persona del singular, presente de indicativo, verbo contestar.

Yo te contesto ahora mismo esa pregunta.

Siempre contesto yo cuando preguntan a Juana.

Expirar / espirar

Expirar. Morir.

Cuando llegue el momento de expirar espero no enterarme, no sufrir.

Espirar. Echar el aire cuando respiramos.

Primero hay que inspirar; después hay que espirar.

Expiar / espiar

Expiar. Borrar las culpas, purificarse de ellas por medio de algún sacrificio.

Hace penitencia para expiar sus culpas.

Espiar. Vigilar.

He decidido espiar a mi esposa, porque intuyo que tiene una aventura con un compañero de trabajo.

Extirpe / estirpe

Extirpe. Verbo extirpar.

Cuando extirpe el quiste que tiene usted en la oreja, no podrá volver a ponerse pendientes.

Estirpe. Linaje.

Siempre recurre a su estirpe, como si eso fuera a salvarle de cualquier crítica.

Sexo / seso

Sexo. Condición orgánica, masculina o femenina, de los animales y las plantas. ‖ Órganos sexuales. ‖ Placer venéreo.

No sé por qué te cuesta tanto hablar de sexo; es algo natural al fin y al cabo.

Seso. Cerebro, parte del encéfalo que está situada delante y encima del cerebelo.

A mí de pequeño me daban seso para comer, decían y creían que era muy bueno.

Se usa también en sentido metafórico.

¿Es que has perdido el seso o qué?

Capítulo II

Las mayúsculas

1. La corrección también afecta a las mayúsculas

Para expresarnos correctamente por escrito debemos saber cuándo ha de escribirse una palabra con la primera letra en mayúscula, de lo contrario nuestra expresión escrita correrá siempre el importante riesgo de cometer el error de escribir minúscula cuando ha de escribirse mayúscula. Hay casos evidentes que todos conocemos; sin embargo existen otros que no lo son tanto y que a más de uno habrán dado algún quebradero de cabeza. Es el caso, por ejemplo, de los meses y los días escritos unas veces con la primera letra en mayúscula y otras con la primera letra en minúscula, aunque deban escribirse siempre en minúscula.

2. Cuando se escribe mayúscula

Ha de escribirse mayúscula en los siguientes casos:
- La primera letra de la primera palabra de un texto.
- La primera letra de la primera palabra después de un punto.
- Después de los puntos suspensivos irá mayúscula si éstos cierran la oración:

   Puede que sí... Acaso venga.

   Si los puntos suspensivos no cierran la oración, se escribirá minúscula tras ellos.

   Estoy pensando que... iré.

- El punto de la interrogación así como el punto de la exclamación cuentan como punto, por lo que la inicial de la palabra siguiente deberá escribirse siempre con mayúscula, a no ser que se ponga una coma o un punto y coma tras dicho punto.

¿Qué has dicho?, ¿que mañana viene Pedro?
¡Qué tonto eres!, pero ¡qué tonto eres!

- Después de dos puntos se pondrá mayúscula en el encabezamiento de una carta o cuando citamos una frase de otra persona. En los casos restantes se escribirá minúscula.
- Los nombres propios siempre se escriben en mayúscula.
- Los tratamientos de respeto si están abreviados: Sr., Sra., Srta., Ud., D.
- Los apodos de personajes célebres: Fernando *el Sabio*, Juana *la Loca*...
- Los números romanos: Luis XIV, siglo XXI, capítulo XX, tomo VII...
- Los títulos de los libros: *La tía Tula, Niebla, Corazón, Campos de Castilla*...
- Las siglas y los acrónimos: ISBN, UNESCO, OTAN, ONU, UNICEF, FIFA...
- Los nombres de instituciones: Biblioteca Nacional, Museo Reina Sofía...
- Los nombres de organismos cuando se refieren a todo el organismo: la Universidad, el Estado, la Iglesia...
- Los nombres de las disciplinas en estos casos:

Son estudiantes de Literatura.
Es licenciado en Física.

En minúscula:

Adoro la física, es una materia que me encanta.

- Determinadas épocas históricas o días relevantes: Renacimiento, Barroco...
- Los días de la semana, los meses y las estaciones deben escribirse siempre en minúscula.
- Nombres de constelaciones, estrellas, planetas o astros.

La Osa Mayor se puede ver por la noche.

Júpiter es un planeta. Mercurio, también.
El Sol es un astro.
Desde el cielo la Tierra no sé cómo se verá.

En el caso de sol y luna sólo se escribirán con mayúscula cuando se haga referencia al sol y a la luna como astros. El resto será con minúscula.

Si sigues tomando el sol de esa manera te abrasarás.
Ojalá todas las noches fueran, como dice la canción de Chavela, noches de luna...

En el caso de Tierra sucede igual:

Por fin pisamos tierra firme.

• Los signos del zodiaco: Géminis, Cáncer, Acuario...
• Los puntos cardinales cuando nos referimos exactamente a ellos como puntos cardinales.

La brújula marca siempre hacia el Norte.
En el resto de los casos se escribirán en minúsculas.

• Nombres de dioses y atributos divinos: Dios, Alá, Jehová, Todopoderoso...
• Las festividades: Navidad, Semana Santa, Nochebuena, Nochevieja...
• Libros sagrados: Biblia, Corán...
• Las marcas: Fanta, Renault, Lee, Findus...
• Los nombres de partidos: Partido Popular, Izquierda Unida...
• Los nombres de organismos: la Universidad, el Estado, la Iglesia...
 Se escribirá en mayúscula la letra inicial de la palabra cuando ésta se refiera a todo el organismo:

La Iglesia no puede estar de acuerdo con una guerra.

Si, por el contrario, no se refiere al organismo como conjunto se escribirá en minúscula:

¿Hay una iglesia por aquí cerca?

- Los nombres de las disciplinas se escribirán con la letra inicial de la palabra en mayúscula en estos casos:

Son estudiantes de Literatura.
Es licenciado en Física.

En minúscula:

Adoro la física es una materia que me encanta.
La literatura es una asignatura preciosa.

3. Errores evitables y, por tanto, a evitar

- Las letras que se escriben con mayúscula han de llevar tilde si así lo requiere la palabra. *Álava, Ávila, Ángela, Álvaro...* De no hacerlo se estará cometiendo la misma equivocación que si no se acentúa una letra en minúscula.
- Cuando la letra que va en mayúscula es *ll*, sólo la primera ele se escribirá en tamaño mayor: *Lleida, Llamazares, Llina...* Nunca ambas irán en mayúscula.
- Si es *ch* la letra que ha de ir en mayúscula, sólo la *c* se escribirá en tamaño mayor: *Charo, Chopin, Chema...*
- Cuando sea una *i* la que tengamos que escribir en mayúscula prescindiremos del punto que ponemos sobre esta letra cuando la escribimos en minúscula. *Inés, Íñigo, Ignacio, Israel, Ismael...* De lo que no se puede prescindir nunca es de la tilde.
- Si es una *j* la letra que ha de ir escrita en mayúscula, se suprime el punto que lleva esta letra cuando es minúscula: *Jaén, Julio, Jacinta, Jerusalén...*

Capítulo III

La sílaba

1. La sílaba

Las palabras se descomponen siempre en sílabas.
ca-sa, pe-rre-ra, cho-co-la-te, ca-ble, ma-sa-je, ce-ni-ce-ro, co-sa...

La sílaba en español puede estar formada por:

a) Un sonido: *a-gua*

b) Varios sonidos: *a-gua*

Algunas palabras están formadas por una sola sílaba: son los denominados monosílabos:
sol, faz, cal, mar, ver, sí, no, sur, mi, tu, ir, bar, luz...

Según el número de sílabas que contenga una palabra hablaremos de:

palabras bisílabas (dos sílabas)
ca-ma, co-che, ca-rro, ca-zo, va-ca, ma-la, vi-no...

palabras trisílabas (tres sílabas)
ca-sa-ca, ba-ti-do, man-za-na, be-bi-da...

palabras tetrasílabas (cuatro sílabas)
mo-li-ne-ra, la-va-do-ra, es-drú-ju-la...

palabras pentasílabas (cinco sílabas)
ca-sa-men-te-ra, be-ne-plá-ci-to...

palabras hexasílabas (seis sílabas)
ver-da-de-ra-men-te, ne-ga-ti-va-men-te...

palabras heptasílabas (siete sílabas)
an-ti-pe-da-gó-gi-co

palabras octosílabas (ocho sílabas)
an-to-no-más-ti-ca-men-te

2. Sílabas abiertas y sílabas cerradas

Cuando una sílaba termina en vocal es denominada sílaba abierta.

ma-le-ta, no-gal, co-che, ma-rrón, pe-dal, ti-rar, so-plar...

Cuando una sílaba termina en consonante, entonces se trata de una sílaba trabada.

mo-ler, vi-vir, tras-la-dar, a-ca-bar, ac-ción, ac-ti-tud...

En los ejemplos una de las palabras es *acción* y la hemos dividido en dos sílabas: *ac-ción*. Esto se debe a que la secuencia *-cc-* no pertenece a la misma sílaba.

ins-truc-ción, fac-ción, trans-ac-ción, pu-tre-fac-ción...

3. Diptongos

Llamamos diptongo a la unión de dos vocales en la misma sílaba. Esta unión puede ser:

a) Una vocal abierta (*a, e, o*) y una vocal cerrada (*i, u*). El orden es indiferente: puede ir primero la vocal abierta y luego la vocal cerrada o al revés. Lo que no es indiferente es la acentuación, pues la vocal cerrada no puede ser tónica en ningún caso. Son diptongos, siempre que la vocal cerrada no sea tónica, las siguientes combinaciones de vocales abiertas y cerradas: *ai, au, ei, eu, oi, ou, ia, ie, io, ua, ue, uo*.

caigo, causo, veinte, fiambre, muerte, suerte...

Las palabras de los ejemplos contienen todas un diptongo, ya que se unen una vocal abierta y una vocal cerrada en la misma sílaba, y la vocal cerrada no es tónica.

b) Dos vocales cerradas (*i, u*) también pueden formar un diptongo: *ui, iu*.

viuda, ciudad...

El hecho de que aparezca una *h* intercalada no supone obstáculo para formar diptongo. Así en la palabra *ahu-mado* existe diptongo aunque haya una *h* entre la *a* y la *u* que forman el diptongo.

4. Triptongos

Se forma un triptongo cuando son tres (en lugar de dos como en el diptongo) las vocales que se pronuncian en la misma sílaba. Estas vocales han de ser:

a) Una abierta (*a, e, o*), que debe ocupar la situación intermedia de las tres vocales que forman el triptongo.

b) Dos cerradas (*i, u*), entre las que se sitúa la vocal abierta. Ninguna de las dos vocales cerradas puede ser tónica.

apaciguáis, desperdiciéis, sitiáis...

En los tres ejemplos la vocal abierta —*a* (*apaciguáis*), *e* (*desperdiciéis*), *a* (*sitiáis*)— ocupa el lugar intermedio entra las dos vocales cerradas que en ningún caso son tónicas, pues de serlo ya no habría triptongo.

5. Hiatos

Llamamos hiato a dos vocales que estando juntas se pronuncian en sílabas distintas: *te-a-tro*.
Un hiato puede estar constituido por:

a) Dos vocales abiertas distintas (*a, e, o*): *ca-e-mos, te-a-tro...*

b) Dos vocales iguales: *Sa-a-vedra...*

c) Vocal abierta (*a, e, o*) y vocal cerrada (*i, u*), o vocal cerrada y vocal abierta: *lí-a, vi-ví-a, pú-a, dí-a, mí-o, mí-a...*

La h intercalada no es obstáculo para formar hiato: *prohíben, ahúman...*

6. División silábica

a) Una consonante entre dos vocales formará sílaba con la segunda de las vocales: *ca-ma, ba-ta, ma-ta, ca-pa, co-pa, lo-ma, la-de-ra...*

En los ejemplos, las consonantes que se encuentran entre dos vocales —*m* (*cama*), *t* (*bata*), *p* (*capa*), *d* (*ladera*), *r* (*ladera*)— forman sílaba con la segunda vocal, no con la que antecede a la consonante: *ma* (*ca-ma*), *ta* (*ba-ta*), *pa* (*capa*), *de* (*la-de-ra*), *ra* (*la-de-ra*).

b) Cuando *p, b, f, g, c* van seguidas de *l* o *r* constituyen la misma sílaba: *ca-fre, co-bro, ca-ble, cres-ta, gra-ve, pro-me-sa, pla-ga...*
Excepciones: ciertas palabras en las que la *b* no forma sílaba con *r* o *l* al pronunciarse: *sub-ra-yar.*

c) Forman sílaba *t* y *d* cuando van seguidas de *r*: *trom-pa, drás-tico, dra-ma, tre-ta, tru-co, ca-te-dral, ma-dre, pa-dre, tra-po...*

d) Dos consonantes juntas, que no sean las citadas en el punto anterior, forman sílabas distintas: *ca-ma-ro-te, bo-te-lla, ca-mi-sa, co-che, te-le-vi-sor, to-ma-te, at-las, at-letismo, at-leta...*

e) Cuando las dos consonantes juntas aparezcan a principio de palabra pertenecen a la misma sílaba: *psi-co-sis, gnomo, psi-có-lo-ga...*

f) Cuando aparecen tres consonantes seguidas y la última de ellas es *l* o *r*, la primera de las tres formará parte de otra sílaba: *con-fron-tar.*

g) Cuando tres consonantes aparecen seguidas pero la última no es *l* o *r*, las dos primeras consonantes formarán una sílaba diferente de la que formará la tercera: *ins-pec-ción, ins-tau-rar, abs-trac-ción...*

7. División de palabra a final de línea

A la hora de dividir la palabra al final de la línea hay que respetar siempre la sílaba, es decir que no se puede partir una sílaba en ningún caso.

Las pautas a seguir para dividir correctamente la sílaba a final de renglón son las siguientes:

a) Nunca debe partirse una sílaba.

b) Los diptongos y triptongos no pueden dividirse.

c) Dado que el grupo *-cc-* forma sílabas distintas: *ac-ción*, podemos hacer esa división a final de línea.

d) Las letras *ch, rr, ll* no pueden separarse nunca.

e) No debe dejarse una vocal suelta a final de línea, aunque tal vocal forme una sílaba, como es el caso de *a-gua*. Es decir que en este caso no podríamos dividir esta palabra a final de renglón, pues al constar sólo de dos sílabas y una de ellas ser una vocal la división daría lugar a una vocal suelta y esto debe evitarse.

Capítulo IV

La acentuación

1. Nos guste o no, debemos acentuar cuando la palabra así lo requiera

Todas las palabras tienen acento; por ejemplo, en la palabra *llana* el acento recae sobre la primera *a*. Sin embargo, no vemos una tilde sobre la primera *a*, y eso sucede porque no todas las palabras llevan tilde aunque todas posean acento. La tilde es el acento gráfico, es decir, el acento que escribimos sobre la letra que ha de llevarlo.

La sílaba sobre la que recae el acento es llamada sílaba tónica, y las restantes, las que no tienen acento, sílabas átonas.

La importancia de una correcta acentuación en un texto cualquiera es alta, ya que de ella va a depender en no bajo grado la corrección de nuestro texto. Muchas personas piensan que el corrector del ordenador puede evitar estos problemas, mas no es así, ya que, por ejemplo, existen palabras que se escriben con tilde y sin tilde. Es el caso de *solo* y *sólo*: ¿cuándo se escribe con tilde y cuándo se escribe sin tilde? El ordenador no va a respondernos preguntas como ésta, lo que hace necesario saber las normas de acentuación. Además, no siempre, aunque sí en la mayoría de los casos, se escribe en el ordenador. Piénsese, por ejemplo, cuando tenemos que escribir una nota a mano. ¿Cuál sería el efecto si a nuestro jefe o a un compañero le escribiéramos una nota con errores como la falta de acentuación donde debería? No debemos, por tanto, confiar demasiado en el ordenador y sí esforzarnos un poco en conocer nuestra lengua.

2. El acento gráfico: la tilde

Llamamos tilde al signo ortográfico (´) que ponemos sobre la sílaba acentuada, siempre sobre una vocal. No todas las palabras llevan tilde, porque para que la lleven han de obedecer a unas normas ortográficas.

3. Las temidas normas de acentuación

Se dividen las palabras en cuatro clases dependiendo del lugar sobre el que recae el acento. Y éstas son las normas según las cuales llevarán o no tilde:

Palabras agudas. Son las palabras acentuadas en la última sílaba: *jamón, salón, matar, serás, Madrid, Perú...*
Las palabras agudas terminadas en vocal (*maté, será*) o en *n* o *s* (*jamón, cantarás*) llevarán tilde. No llevarán tilde cuando acabando en *s* ésta vaya precedida por otra consonante.
robots.

Palabras llanas o graves. Son aquellas palabras cuyo acento recae en su penúltima sílaba: *canario, imbécil, frágil, casa*. Sólo las palabras llanas terminadas en consonante que no sea *n* o *s* llevarán tilde:
imbécil, árbol, ágil, frágil, Cádiz.
Excepciones: cuando la palabra llana termine en *s* precedida de consonante llevará tilde:
bíceps, tríceps...

Palabras esdrújulas. Son esdrújulas las palabras que llevan el acento en la antepenúltima sílaba:
róbame, mátame, llévame...
Las palabras esdrújulas siempre llevan tilde.

Palabras sobresdrújulas. Palabras cuyo acento recae en alguna sílaba anterior a la antepenúltima:
envuélvamelo, cuéntemelo, quédatelo...
Las palabras sobresdrújulas siempre llevan tilde.

4. Algunos monosílabos sí llevan tilde

Son monosílabos las palabras que constan de una sola sílaba. En general no llevan tilde, pues sólo se escriben con tilde determinados monosílabos susceptibles de ser confundidos con otros que escribiéndose igual difieren en significado y esa diferencia se establece mediante la tilde.

Quiero un té.
Ayer te vi en casa de Manuela.

Así, salvo en los casos que se muestran en la siguiente tabla, los monosílabos no se acentuarán gráficamente.

4.1. *Los monosílabos y la tilde diacrítica*

Como se ha explicado, la tilde en los monosílabos se usa para diferenciar dos monosílabos iguales en forma, pero con distinto significado o función gramatical. Esta tilde se denomina tilde diacrítica.

Con tilde / sin tilde

Tú: pronombre personal.
Tú sabrás lo que haces.
Tú eres mi novio.
Quiero que tú lo sepas.

Tu: determinante posesivo.
Tu perro ha estado ladrando esta noche.
Tu falda es muy bonita.
Tu amiga no me mira bien.

Mí: pronombre personal.
Eso es para mí.
A mí me gusta el chocolate.
Lo quiero para mí.

Mi: determinante posesivo.
Mi casa es tu casa.
Mi vecina protesta constantemente.
Lo veo desde mi balcón.

Sí: - pronombre personal.

Lo hace todo por sí misma.

- adverbio de afirmación.

Sí, claro que iré contigo.

Se olvidó de sí.

Dijo que sí.

Si: conjunción.

Si bebes no conduzcas.

Si quieres te acompaño a casa.

No sé si podrá venir.

Él: pronombre personal.

Él quiere que yo vaya allí.

Él dijo que todo saldría bien.

Te lo diré delante de él.

El: determinante artículo determinado.

El gato está en la terraza.

El verdadero drama lo tienes tú.

Mañana vendrá el hermano de Rosa.

Sé: - 1.ª persona del singular, presente de indicativo, verbo saber.

Sé muy bien lo que has hecho.

- 2.ª persona del singular del imperativo, verbo ser.

Sé buena en casa de Mario.

Se: pronombre personal.

Se lo he dado a Mónica.

No se cansa de trabajar.

Se lava las manos constantemente.

Té: bebida, infusión.

Quiero un té con leche.

El té es una bebida excitante.

Me gusta más el té que la tila.

Te: pronombre personal.

Te lo he dicho mil veces.

Te lo daré a ti, será mejor.

¿Te marchas ya?

Ó: conjunción. Lleva tilde sólo cuando aparece entre dos cifras numéricas.
¿Quieres 5 ó 6?

Hay que aclarar que esta norma es adecuada para la escritura manual, donde la *o* podría confundirse con el cero. Pero tal confusión no puede darse en tipografía: *5 o 6* es bien diferente de *5 0 6*, por lo que puede prescindirse de esta norma.

O: conjunción disyuntiva, siempre sin tilde cuando no se encuentre entre dos cifras numéricas.
¿Estudias o trabajas?
¿Saldrás o te quedarás en casa?

Dé: verbo dar.
Deseo que lo dé todo.
No dé usted nada de lo mío.

De: preposición.
Iré de Madrid a Viena.
De aquí a la eternidad hay un paso.

Más: expresa cantidad.
Dame más pan.
Necesito más tiempo.

Mas: equivale a pero.
Quise decirlo, mas no pude.
Fui a hacerlo, mas ella me lo impidió.

5. Los demostrativos y la tilde diacrítica

a) Pronombres demostrativos:

masculino singular: *éste, ése, aquél*
masculino plural: *éstos, ésos, aquéllos*
Éste/ése/aquél es mi hijo Juan.
Éstos/ésos/aquéllos son los padres de mi primo Juan.

63

femenino singular: *ésta, ésa, aquélla*
femenino plural: *ésta, ésa, aquélla*
Ésta/ésa/aquélla es mi nieta Juanita.
Éstas/ésas/aquéllas son las hermanas de mi amiga.

neutro: *esto, eso, aquello*
Esto/eso/no es justo.
Aquello no fue justo.

Los pronombres demostrativos, como pronombres que son, nunca acompañan a palabra alguna, siempre van solos. Ésta es la diferencia fundamental entre pronombre y determinante. Pues bien, el pronombre demostrativo, tal y como se ha visto en la tabla, lleva tilde cuando es masculino y femenino, tilde que lo diferencia del determinante demostrativo, que carece, como se verá a continuación, de tilde. El pronombre demostrativo neutro no lleva tilde porque no puede confundirse con determinante alguno, ya que no existe determinante demostrativo neutro.

b) Determinantes demostrativos:

masculino singular: *este, ese, aquel*
masculino plural: *estos, esos, aquellos*
Este/ese/aquel niño es mi hijo pequeño.
Estos/esos/aquellos perros son de Antonia.

femenino singular: *esta, esa, aquella*
femenino plural: *estas, esas, aquellas*
Esta/esa/aquella falda es muy fea.
Estas/esas/aquellas camisas están pasadas de moda.

Vemos en los ejemplos lo expuesto en el apartado A): los determinantes siempre acompañan a un nombre.

Se han esquematizado los demostrativos, determinantes y pronombres con la intención de mostrar la diferencia que existe entre ambos, dado que su forma es idéntica (salvo en el caso de los pronombres neutros, que no tienen sus iguales en los determinantes). Por esta razón los pronombres demostrativos llevan tilde diacrítica (pues sirve para diferenciarlos de los determinantes). Los únicos pronombres demostrativos que no llevan tilde diacrítica son los neutros, y se debe a que, como ya se explicó, no existen determinantes demostrativos neutros, luego no existe la posibilidad de confusión.

Hay que aclarar que según la Real Academia Española los pronombres demostrativos llevarán tilde de manera obligatoria en los contextos donde puedan ser confundidos con determinantes. Ahora bien, se puede poner dicha tilde siempre que sean pronombres. Los que nunca la llevarán serán los determinantes demostrativos.

6. Los interrogativos y exclamativos

Los interrogativos y exclamativos *dónde, adónde, cómo, cuándo, qué, quién, cuál* y *cuán* llevan tilde.

> *¡Dónde irás!*
> *¿Dónde vas a estas horas?*
> *¡Cómo te atreves a hacerme esto!*
> *¿Cómo dices?*
> *¡Cuándo cambiarás!*
> *¿Cuándo vendrán los primos de Olga?*
> *¡Qué barbaridad!*
> *¿Qué has hecho con mis libros?*
> *¡Quién pudiera!*
> *¿Quién ha llamado a la puerta?*
> *¿Cuál de ellos vendrá hoy?*

Llevarán también tilde diacrítica cuando su sentido sea interrogativo aunque no vayan entre interrogaciones o exclamaciones:

> *Dime cuándo cambiarás.*
> *Me preguntó qué quería.*
> *Explícame cómo puedo hacerlo.*

En los restantes enunciados, es decir, cuando no sean exclamativos o interrogativos, se escribirán sin tilde.

Juan dice que yo no sé sumar.
Cuando lleguen, avísame.
Como tú no lo haces, lo haré yo.
Sea cual sea el problema, resuélvelo ahora mismo.

7. Otras palabras con tilde diacrítica

Aún: equivale a todavía.
Juan no ha llegado aún (todavía).
¿Aún (todavía) no has hecho la cama?

Aun: equivale a incluso.
Aun (incluso) viniendo tú, nada se resolverá.

Sólo: equivale a solamente.
Sólo te he pedido que me acompañes al médico.

Solo: adjetivo.
Iré yo solo a la fiesta.
Vete tú solo si quieres.

8. La acentuación en los diptongos

En el capítulo anterior (apartado 3) estudiamos el diptongo, y quedó definido como dos vocales pronunciadas en la misma sílaba (abierta + cerrada / cerrada + abierta / cerrada + cerrada). Ejemplos: *caucho, llueve...*

Respecto a la acentuación gráfica del diptongo hay que decir que responderá a las reglas de acentuación; por ejemplo, *comáis, bebáis, temáis, salgáis...* Las palabras de los ejemplos son agudas y terminadas en *s*, por lo tanto llevan la tilde en la letra (vocal) correspondiente aunque ésta forme parte de un diptongo.

Dado que para la formación del diptongo, cuando éste está formado por una vocal abierta y otra cerrada (o viceversa), se requiere que el acento no recaiga nunca sobre la vocal cerrada (*i, u*), será la vocal abierta (*a, e, o*) la que llevará la tilde, si es que debe llevarla de acuerdo con las normas de acentuación. Ejemplos: *amáis, cantáis, vengáis, tomáis, bebéis, queréis...*

En el caso de que el diptongo se haya formado con dos vocales cerradas será la segunda la que llevará la tilde. Ejemplo: *cuídate.*

9. La acentuación en los triptongos

Llamamos triptongo, tal y como lo hemos definido en el capítulo anterior, a tres vocales que se pronuncian en la misma sílaba, y que han de ser: una vocal abierta entre dos cerradas.

Al igual que sucedía en los diptongos, la acentuación en los triptongos se realizará de acuerdo con las normas de acentuación. Ejemplo: *averiguáis.*

Los triptongos siempre llevarán la tilde sobre la vocal abierta (*a, e, o*). Ejemplos: *estudiéis, aliviáis, adecuáis...*

10. La acentuación en los hiatos

Llamamos hiato a dos vocales que estando juntas se pronuncian en sílabas diferentes. Pueden estar formados por dos vocales abiertas; o dos vocales iguales; o una abierta átona y una cerrada tónica (o viceversa).

Siguen las reglas de acentuación los hiatos formados por dos vocales iguales o los formados por vocal abierta + vocal abierta (se entiende que abiertas las dos, pero distintas). Ejemplos: *caótico, león...*

Los hiatos formados por una vocal abierta átona y una vocal cerrada tónica (o viceversa) siempre llevan tilde. Es decir que no responden a las reglas de acentuación, o no siempre responden, pues sea o no indicada la tilde según las normas de acentuación, los hiatos formados por vocal abierta átona y vocal cerrada tónica (o viceversa) siempre llevan tilde. Ejemplos: *país, maíz, raíz, oír, mía, lía, pía...*

11. Casos especiales

11.1. *Adverbios terminados en -mente*

Los adverbios en *-mente*, formados siempre a partir de un adjetivo (*buena - buenamente, honesta - honestamente*), sólo llevan tilde cuando el adjetivo del que provienen, usado aisladamente, también la lleva. Ejemplos: *cortés - cortésmente, básica - básicamente, fácil - fácilmente...*

11.2. *Palabras compuestas*

Dentro de las palabras compuestas podemos hablar de palabras compuestas sin guión y palabras compuestas con guión.

- Con guión:
franco-alemán, ítalo-argentino, histórico-artístico, etc.

- Sin guión:
carricoche, matasuegras, tiovivo, parachoques...

Las palabras compuestas sin guión son una sola palabra, así que la acentuación en ellas será la normal (la que marquen las normas de acentuación), sin importar cómo se acentuaban sus componentes por separado.

En el caso, por ejemplo, de *tiovivo* la primera palabra *tío* tenía tilde en la *í*, mas al pasar a formar parte de una palabra compuesta sin guión, el acento ya no recae sobre la *i* de *tío* sino sobre la *i* de *vivo*, y al ser palabra llana terminada en vocal las normas de acentuación impiden que lleve tilde.

En las palabras compuestas con guión se conservará la tilde de las palabras que forman la compuesta con guión: *hispano-francés, histórico-artístico...*

Capítulo V

Signos de puntuación

1. Siempre atentos a la puntuación

Para expresarse correctamente por escrito es imprescindible un buen manejo de los signos de puntuación, pues un texto en el que la coma, el punto, el punto y coma, los dos puntos, etc., no estén bien empleados dará como resultado un texto incorrecto. Y no sólo eso, pues de la puntuación dependerá que el sentido de lo escrito sea el pretendido y no otro. Así que la importancia de la puntuación no es ya únicamente una cuestión de corrección ortográfica, sino que supone también una cuestión de poder decir lo que realmente se quiere decir. ¿A quién no le ha pasado alguna vez que no conseguía comprender a la primera un texto y ha tenido que releerlo varias veces hasta poder entender totalmente el sentido de lo escrito?

Si yo escribo: *Los niños, que llegaron tarde, no han sido castigados* se entiende, debido a las comas, que todos los niños llegaron tarde. Sin embargo, si en lugar de poner tales comas las omito el resultado sería éste: *Los niños que llegaron tarde no han sido castigados*. En este último caso se entiende que sólo algunos (no todos, como en el anterior ejemplo) llegaron tarde.

2. El punto

El punto debe escribirse inmediatamente después de la última letra que lo preceda, sin dejar espacio.

2.1. *Punto y seguido*

Marca el punto y seguido el final de una oración. Comienza otra oración inmediatamente después de este punto, por eso se llama punto y seguido. Ahora bien, hay que dejar un espacio entre el punto y la primera letra de la siguiente oración, y ningún espacio entre la última letra antes del punto y el punto.

Me llamo Amalia. Tengo diez años...

Entre *Amalia* y el punto no hay espacio, sin embargo entre el punto y *Tengo* debe haber como en el ejemplo un espacio.

Marca, pues, el punto y seguido un cambio de oración; pero la siguiente oración ha de continuar la idea central que se trataba en la oración anterior, pues el punto y seguido no indica cambio de idea, sino de oración, marcando una pausa. Al cambiar de oración algo puede cambiar en el contenido; se puede tratar, por ejemplo, otro aspecto, pero del mismo tema o idea central de la oración anterior. En el ejemplo antes puesto, Amalia seguía hablando de sí misma, describiéndose, mas primero decía su nombre y luego, en la siguiente oración, su edad. Así pues, la idea continúa (descripción de Amalia), pero el aspecto que se trata (ya no es el nombre sino la edad) es otro.

Ejemplo de varias oraciones separadas por punto y seguido, con un punto final al término, lo que constituye el denominado párrafo:

Me llamo Amalia Gómez Pérez. Tengo diez años y medio. Vivo en Madrid pero nací en un pueblecito de Córdoba. Y la verdad, prefiero Madrid, me gusta más.
Mis padres se llaman...

El primer párrafo está formado por cuatro oraciones separadas por punto y seguido. Todas se refieren a la niña Amalia. Al cambiar de idea o tema, es decir, al pasar a hablar de los padres y dejar de hacerlo de Amalia se pone punto y aparte para marcar el final de un párrafo y una idea o tema, y el comienzo de un nuevo párrafo y una nueva idea o tema.

2.2. *Punto y aparte*

El punto y aparte separa párrafos y también ideas o temas. Cuando ponemos punto y aparte debemos cambiar de renglón y comenzar el nuevo dejando espacio entre el inicio de la línea y el inicio del nuevo párrafo.

> *Esta semana he tenido dos exámenes. Creo que los dos me han salido muy bien, así que supongo que los aprobaré. Con suerte hasta saco buena nota.*
>
> *La semana que viene me darán las vacaciones y si todo ha salido como espero iré a París. Yo no lo conozco, pero mis padres sí y dicen que es una maravilla. Ojalá pueda ir.*
>
> *Paloma, mi prima, no está tan contenta como yo, porque piensa que a lo mejor suspende dos exámenes. Y si es así, no podrá irse de vacaciones. Sus padres tenían pensado que fuera a Orlando, pero si no aprueba, no irá.*

Son tres los párrafos que componen el texto, separados todos por punto y aparte. Vemos en el ejemplo que hay que respetar el espacio entre el inicio del renglón y el inicio de la frase tras punto final.

2.3. *Punto final*

El punto final marca el fin de un texto. En el ejemplo puesto en el apartado anterior, el punto final sería ese último punto, que va tras *irá*. Es decir que este signo ortográfico cierra un texto.

2.4. *Errores a evitar referentes al uso del punto*

Cuando se emplean paréntesis no debemos usar el punto dentro, sino siempre fuera, es decir, inmediatamente después del paréntesis de cierre.

Sabía que vendría. (Y ella, también).

El punto tiene que escribirse como en el ejemplo: detrás del paréntesis.

Hay una excepción y es cuando se trata de una abreviatura dentro de un paréntesis, en cuyo caso el punto ha de ir dentro del paréntesis. *(ibid.)*

Si se escriben corchetes [ ] en lugar de paréntesis, el punto tampoco podrá en ningún caso aparecer dentro, sino inmediatamente después del corchete de cierre, tal y como se hace con los paréntesis.

La obra tratada en la conferencia [La Regenta de Leopoldo Alas Clarín] se analizó en profundidad para llegar a una conclusión relevante.

En caso de usar comillas es bastante frecuente encontrar el punto antes de las comillas de cierre; no obstante, debe ir detrás de éstas.

Alguien dijo: «No se es mejor padre por eso».

Si se trata del título de una obra, capítulo, cuadro, etc., no pondremos punto cuando se presenten solos; es decir que cuando no estén inmersos en un texto no escribiremos punto tras ellos.

Fortunata y Jacinta
Capítulo II: La conjunción

3. Dos puntos

Este signo presenta en no pocas ocasiones problemas a la hora de utilizarlo. Para que esto no suceda, debemos tener muy presente que los dos puntos sirven:

a) Para una enumeración o lista.
   Tienes que comprar lo siguiente: pan, leche, azúcar, café, pollo y harina.

El examen tenía dos partes: una teórica, otra práctica.

b) Para reproducir las palabras de alguien.
Juan dijo: «Si me tocas, te mato».
Tú dijiste: «Si apruebas, te regalo un coche».

c) En las cartas, instancias...
Queridos padres:
Estamos pasándolo estupendamente...

d) En los ejemplos.
El adjetivo siempre acompaña a un nombre: *Juan es un hombre guapo.*
El verbo *haber* es el auxiliar en los tiempos compuestos: *he comido, has comido, ha comido, hemos comido, habéis comido...*
Después de *por ejemplo*:
Los verbos de la segunda conjugación acaban siempre en *-er*, por ejemplo: *comer, beber, temer, hacer...*

e) En oraciones que finalizan con una conclusión de la propia oración.
Unos iban y otros venían, pero nadie se ponía de acuerdo: todo fue una pérdida de tiempo.
Allí no quedaba nadie, todos habían huido: el miedo apresó a todo el mundo.

f) Para expresar el efecto de una causa.
Llevaba enfermo toda la semana: no trabajó ni un día.
Ha estado sometido a una presión demasiado fuerte: ha caído enfermo.

4. Puntos suspensivos

Siempre que haya puntos suspensivos y éstos coincidan con el final de la oración se escribirá después de ellos la letra inicial de la primera palabra en mayúscula. Es decir, no se añadirá un cuarto punto para señalar el fin de la oración, pues los puntos suspensivos, si tras ellos se escribe mayúscula, ya marcan el fin de la oración.

Fue todo tan triste... Acabamos llorando todos.

Ha sido todo tan bonito...¡Ojalá no hubiera acabado!

Si, por el contrario, los puntos suspensivos no cierran la oración se escribirá minúscula.

Creo, creo que... ya no te amo.

Dijo... que tú no estabas invitado a esa fiesta.

Si tras los puntos suspensivos va un signo de exclamación o de interrogación éste se escribirá después del último punto suspensivo sin dejar espacio alguno.

¡Tu mirada está tan llena de...!

¿Qué fue lo que...?

Si los puntos suspensivos van tras un signo de interrogación o exclamación se escribirán inmediatamente después.

¿Crees que sabrá llegar?... Bueno, si no llega, ya llamará.

Cuando son los dos puntos lo que se escribe tras los puntos suspensivos, se escribirán inmediatamente después del último punto de los tres puntos suspensivos.

He comprado queso, jamón, chorizo....: todo lo que pediste.

Si es punto y coma el signo que se escribe tras los puntos suspensivos se hará de la misma manera que en el caso de los dos puntos, es decir, inmediatamente después del último punto suspensivo.

Te quise, te cuidé, te di mi cariño y mi atención, te escuché...; en definitiva, te lo di todo.

Aclarada esta cuestión, analicemos los casos en los que se puede usar el signo de puntuación que nos ocupa.

Se usan puntos suspensivos en los siguientes casos:

a) Después de listas o enumeraciones no acabadas.

Pidió pan, leche, chocolate, carne, aceitunas, mantequilla...

Quiero amor, paz, alegría, felicidad, salud, trabajo...

b) Cuando se quiere dejar un enunciado en suspenso.
Era todo tan maravilloso... Demasiado para poder contarlo, las palabras nunca llegarían.
Fui tan buena con ellos... Y ellos han sido tan...

c) Para expresar titubeo, duda, miedo...
No, no digas... eso.
Creo, creo que... que tienes razón, y yo sobro aquí.

d) Cuando se cita una frase de otra persona o un dicho o refrán y hay una parte que no se expresa.
Ella nunca da las gracias, y, oye, a caballo regalado..., ya se sabe.
La conferencia fue aburridísima, sólo te digo que empezó así: «La lengua española es una lengua llena de riqueza, expresividad, posibilidades...».

e) Si estamos trascribiendo un texto y hay una parte que no reproducimos usamos en el lugar de la omisión tres puntos suspensivos entre corchetes o paréntesis. Así: [...] / (...)
Pasó una moto casi rozándome, y el ocupante volvió la cara para decirme no sé qué. Retrocedí aturdida. Miré [...], y vi a Lorenzo que me hacía gestos de susto y amenaza, señalándome la luz roja que no se acababa de apagar.

(Carmen Martín-Gaite: Lo que queda enterrado)

Los corchetes con los tres puntos suspensivos señalan que tras *Miré* y antes de *y vi* hay una parte del texto que se ha suprimido.

5. Coma

Mediante la coma se marca una pequeña pausa.

María, Pedro, Javier y Antonio fueron al cine.
Voy a necesitar escoba, recogedor, cubo y fregona.

En los ejemplos anteriores la coma sirve para marcar la pausa entre los distintos nombres que forman las listas o enumeraciones de personas que fueron al cine y de cosas que voy a necesitar (escoba, recogedor, cubo y fregona).

Nunca se pondrá coma entre sujeto y predicado.

*Juan, es tonto.
*Belén, ha venido desde muy lejos.

Sólo podrá ponerse coma entre sujeto y predicado si entre ambas partes de la oración hay un adverbio modificando la oración o una explicación o inciso.

Juan, que es tonto, no sabe ni usar la calculadora.
Belén, generalmente, viene a casa los sábados.

Cuándo y cómo se usa la coma:

a) En enumeraciones:
Mañana tendrás aquí la lavadora, la secadora, el lavaplatos y el horno
Ana, Marta, Mónica, Silvia y Rosa no participarán en el partido de fútbol.

b) Se usa coma en enunciados como:
Unos bailaban, otros comían, algunos bebían y los demás jugaban.
Sabe que comerá bien, que vivirá bien, que estará siempre cómodo.
Cuando llegues a casa, friegas los platos, los secas y los colocas.

Como vemos en los ejemplos, mediante la coma separamos fragmentos que podrían ir separados por y, pues es una suma de informaciones similares; no obstante, para no repetir dicha conjunción usamos la coma. Ahora bien, igual que en las enumeraciones: café, leche, agua y vino, no se pondrá nunca coma cuando aparezca y, e, ni, o, u.

Sólo usaremos *y, o, u, ni* con coma delante cuando presente un contenido diferente.

Llegó, comió, durmió, y yo sin poder hacer nada.

c) Cuando se hace una aclaración en la oración, ésta deber ir entre comas.

Juan, que es muy listo, sabía perfectamente cómo convencerme.

Marta, la prima de Luisa, también vendrá a la fiesta.

d) Es obligatorio el uso de la coma con el vocativo.

Juan, ven aquí inmediatamente.

Anastasia, te he dicho mil veces que ordenes tu armario.

El vocativo realiza la función de llamada.

e) Se usará coma cuando se omita un verbo, poniéndose en el lugar del verbo omitido.

Mónica vendrá y Juan, también.

En el ejemplo, la coma entre *Juan* y *también* señala la omisión del verbo *vendrá* que no se repite, pues no es necesaria tal repetición para que entendamos la oración.

Belén no quiere más carne y yo, tampoco.

María amó a Pedro con todas sus fuerzas; yo, a Jacobo.

f) La coma debe aparecer entre el nombre y el apellido de una persona cuando su orden es apellido y nombre y aparecen en una lista.

Baroja, Pío

Delibes, Miguel

Seco, Manuel

g) Debe ponerse coma entre el lugar y la fecha.

Madrid, 3 de noviembre de 1980

h) En la oración compuesta, se pone una coma normalmente ante los siguientes nexos: *pero, aunque, mas, sino, así que, conque, porque, pues.*

i) Los siguientes adverbios (y similares) cuando encabezan una oración suelen llevar una coma tras ellos: *generalmente, efectivamente, finalmente*.

Esto es, es decir, o sea van entre comas o con una coma detrás de ellos si encabezan la oración.

6. Punto y coma

Es éste un signo que no se usa mucho, aunque debería usarse más, pues mediante el punto y coma tenemos la posibilidad de señalar una pausa que siendo mayor que la de la coma no llega a cerrar la oración como sucede con el punto.

El punto y coma se usa en los siguientes casos:

a) En las enumeraciones largas que incluyen elementos de distinto tipo, éstos se separan mediante punto y coma.
Juan llevará cuerdas, gomas y arneses; Bea llevará la comida, la bebida y los medicamentos; yo llevaré la tienda de campaña, el horno y la nevera.
Tú prepara los bocadillos, la tarta y las patatas; tu hermana, la bebida, el helado y los caramelos; yo, el resto.

b) En oraciones yuxtapuestas suele usarse punto y coma en el lugar del nexo.
No había otra salida para nosotras; lo hicimos de esa manera por necesidad.
La lluvia es demasiado fuerte; necesitaremos un paraguas.

c) Puede ponerse punto y coma delante de las siguientes locuciones (y otras que no se ejemplifican pero que son similares) cuando la oración sea larga, sin que lo sea demasiado, pues en ese caso no habrá punto y coma sino punto.

Pero:
Estuvo toda la mañana, toda la tarde, toda la noche y parte de la mañana de hoy buscándote por toda la ciudad

y por las afueras; pero no consiguió encontrarte en nin-
gún lugar.

Por consiguiente:
Firmaste un contrato en el que no tenías derecho a vaca-
ciones durante tres años y medio; por consiguiente, no me
pidas dos días libres para irte a Marbella.

Mas:
Te explicó que tenías que estudiar, trabajar, ser responsa-
ble, cuidar el piso que te alquiló, limpiar tu ropa todos los
días y mantener tu vida organizada; mas tú no has hecho
nada de eso en los tres años que te ha dado de plazo.

Aunque:
Iremos Marta, Paloma, Sergio, Rafael y yo a verte a tu
casa nueva cuando tú nos invites y quieras que vayamos;
aunque, por lo visto, no pareces tener muchas ganas de
que vayamos.

Sin embargo:
Te aseguro que lo tenía todo preparado para salir mañana
de Madrid y estar en Barcelona por la tarde para tu con-
ferencia; sin embargo, todo ha salido al revés de como yo
esperaba y, la verdad, no sé ni cómo pedirte perdón.

7. Signos de exclamación

Se usan en enunciados exclamativos.

¡Qué suerte!
¡Que te vaya bien!
¡Qué alegría me has dado!

El signo de exclamación de cierre (!) cuenta como punto,
lo que hace que al aparecer este signo la oración se cierre y la
palabra que vaya detrás de él deba ir en mayúscula.

¡Cuánto me alegro de verte! Hacía muchos años que no sabía nada de ti.
¡Qué suerte has tenido! Sólo había un premio y tú te lo has llevado.

Al contar signo de exclamación de cierre como punto, nunca tras un signo de exclamación de cierre se pondrá punto.

Ejemplos de lo que no se debe hacer:

*¡Qué suerte!. Te ha tocado el mejor premio.
* ¡Qué bien!. Has venido a verme.

Las oraciones de los ejemplos tienen una incorrección, pues ambas llevan punto después del signo de exclamación de cierre y esto es del todo incorrecto.

Lo correcto:

¡Qué suerte! Te ha tocado el mejor premio.
¡Qué bien! Has venido a verme.

Si no deseamos que la oración acabe donde está el del signo de exclamación de cierre, tendremos que poner una coma justo detrás de éste.

¡Qué suerte!, te ha tocado el mejor premio.
¡Qué bien!, has venido a verme.

Si nos encontramos con un signo de exclamación de cierre entre paréntesis en un enunciado significa sorpresa o ironía.

Juan vendrá a la fiesta (!), y eso que no ha sido invitado.
Dijo que era rubia (!), ¿tú te lo crees?
Y todavía piensa que es inteligente (!), y eso que le ha costado tres semanas entender que lo nuestro era ficticio.

Cuando son varias las exclamaciones que van seguidas hay dos opciones:

a) *¡Qué bien! ¡Qué suerte has tenido! ¡El mejor premio!*
b) *¡Qué bien!, ¡qué suerte has tenido!, ¡el mejor premio!*

Es decir que se pueden escribir sin comas entre ellas como en el primer ejemplo o con comas entre ellas como en el segundo ejemplo.

Si en la oración que va entre exclamaciones hay un vocativo y está al principio de aquélla, se escribirá fuera de la exclamación.

Juan, ¡ven aquí inmediatamente!
Pedro, ¡ya está bien!

Si el vocativo está al final de la oración se incluye en la exclamación.

¡Ven aquí inmediatamente, Juan!
¡Ya está bien, Pedro!

8. Signos de interrogación

Los signos de interrogación encierran una pregunta.

¿Cuándo vienes?
¿De dónde sales?
¿Quién es esa niña?
¿Cómo se arma este rompecabezas?
¿Qué quieres?
¿Cuál prefieres?
¿Vendrás conmigo a la fiesta de Olga?

El signo de interrogación de cierre cuenta como un punto, igual que el de la exclamación, por lo que la palabra que se escriba a continuación deberá escribirse con la primera letra en mayúscula.

¿Qué quieres? Te lo pregunto porque llevas mirándome fijamente media hora.

¿Cuándo vienes? Si es hoy por la mañana, puedo ir a buscarte a la estación.

Al contar como punto el del signo de interrogación de cierre es incorrecto añadir uno más.

Incorrecto:

*¿Cuándo viene?. Yo creía que venía hoy.
*¿Qué pasa?. No paráis de hacer ruido.

Correcto:

¿Cuándo viene? Yo creía que venía hoy.
¿Qué pasa? No paráis de hacer ruido.

Si no queremos que se cierre la oración, tendremos que poner coma tras el signo de interrogación de cierre.

¿Cuándo vienes?, porque me ha dicho Juan que vienes hoy.
¿Qué quieres de mí?, porque la verdad no creo que pueda darte más.

Si en la oración donde se encuentra la pregunta hay un vocativo y está antes de la pregunta, éste se quedará fuera de los signos de interrogación.

Lorena, ¿qué pasa?
Luis, ¿qué haces?

Si el vocativo está al final, entonces se incluye en la pregunta.

¿Qué pasa, Lorena?
¿Qué haces, Luis?

Cuando hay varias preguntas cortas y seguidas existen dos opciones, las mismas que cuando son oraciones exclamativas cortas:

82

a) *¿Qué quieres?, ¿qué buscas?, ¿por qué estás aquí?*
b) *¿Qué quieres? ¿Qué buscas? ¿Por qué estás aquí?*

El signo de interrogación de cierre (?) entre paréntesis en una oración significa duda o en algunos casos ironía.

El novio de Ana tiene diez años (?) más que ella.
Si fuese con una de esas faldas rojas de su madre (?) a la fiesta todos se reirían.

9. Paréntesis

Los paréntesis ( ) se emplean para introducir aclaraciones, explicaciones o determinados datos en un enunciado.

Juan P. (1934-1999) fue un hombre bueno.
María Eusebia (hija de Juan Bellota) se casará con un ingeniero.

Los signos de puntuación deben ir fuera del paréntesis, siempre que éstos no formen parte del mismo.

Juan P. (1934?-1999) fue un hombre...

En este ejemplo el signo de interrogación va dentro del paréntesis porque a él pertenece, pues expresa la duda acerca de la fecha de nacimiento.

Se usan los paréntesis:

a) Para hacer una aclaración.
La vida de Lina (sólo vivió 34 años) fue una tortura a causa de su marido.
Es un gran escritor (esencialmente poeta) que merece el premio que ha recibido.

b) Cuando hay dos opciones.
El pronombre personal ella(s) es el sujeto de esa oración.
Se necesita dependiente(a) para tienda de moda.

c) Para introducir en el enunciado algún dato.

Francisco A. (1678-1723) vivió siempre en México.

Nació en Madrid (España) y vivió allí toda su vida.

d) Al reproducir textos se escriben entre paréntesis tres puntos cuando se omite una parte del texto.

A las cuatro de la tarde, la chiquillería de la escuela pública de la plazuela del Limón salió atropelladamente de clase, con algazara de mil demonios. Ningún himno a la libertad (...) es tan hermoso como el que entonan los oprimidos de la enseñanza elemental al (...) echarse a la calle piando y saltando.

Benito Pérez Galdós, *Miau*

La omisión de parte del texto puede también ir entre corchetes en lugar de paréntesis.

e) Se puede usar también paréntesis cuando al final de un texto se escribe su autor y su obra. (Benito Pérez Galdós, *Miau*).

10. Corchetes

Los corchetes sirven para incluir en un texto alguna aclaración o explicación así como determinados datos.

Los signos de puntuación, salvo que pertenezcan a la aclaración hecha dentro de los corchetes, deberán, como en los paréntesis, estar fuera de ellos.

Uso de los corchetes:

a) Para introducir una aclaración dentro de un paréntesis, es decir, como un paréntesis dentro de otro paréntesis.

El escritor galardonado (hijo de Juan P. [1897-1945] nacido en Galicia) estará esta tarde en Madrid.

b) Cuando se reproduce un texto y se omite una parte de éste, se pondrá en su lugar un corchete con tres puntos:

[...]

84

*A las cuatro de la tarde, la chiquillería de la escuela
pública de la plazuela del Limón salió atropelladamente
de clase, con algazara de mil demonios. Ningún himno a
la libertad [...] es tan hermoso como el que entonan los
oprimidos de la enseñanza elemental al [...] echarse a la
calle piando y saltando.*

Benito Pérez Galdós, *Miau*

c) En poemas cuyos versos no caben en la línea que les
correspondería se usa un corchete.

> *sino con Divinidad;*
> *mas, por ser tal su*
> *[hermosura*
> *que sólo se ve por fe,*

Al poner un corchete delante de la palabra *hermosura* se
entiende que ésta forma parte del verso anterior: *mas, por ser
tal su hermosura.*

11. Guión

El guión es este signo: -, el cual no debe confundirse con
el signo que veremos en el siguiente apartado: —, llamado
raya. El guión, como puede apreciarse, es bastante más corto
que la raya.

Se usa:

a) Para dividir palabras en sílabas.
re-loj, ca-ma, la-va-dora...

b) Para dividir palabras a final de línea.
*Llegó tan pronto a la fiesta que aún no había llegado
nadie, así que tomó asiento y esperó pacientemente.*

c) En palabras compuestas que aún no forman una sola palabra:
histórico-artístico, teórico-práctico

d) En gentilicios como: *franco-alemán, ítalo-argentino.*
Algunos gentilicios compuestos por dos palabras aparecen
sin guión porque se han consolidado: *hispanoamericano.*

12. Raya

La raya, tal y como se ha explicado en el apartado anterior, es como el guión pero bastante más largo: —.
Se usa:

a) Para hacer aclaraciones o dar explicaciones en un texto.
*Ella —siempre tan guapa y elegante— entró en el salón
mirando a Carlos a los ojos de esa manera tan especial, y
supe que jamás podría competir con ella.*
*Cuando miré a Miriam —ella no podía verme a mí— me
di cuenta de que su expresión no era la de una ladrona.*
*Aquel verano —el verano del 82— tú no eras más que un
chico joven que apenas sabía algo de la vida.*
*Estaba sentado donde tú estás ahora —en ese sillón viejo
y sucio— mirando por la ventana cómo caía la lluvia
sobre la gente.*

b) Para señalar el diálogo.
—¿Quién eres tú?
—Yo soy la persona que esperabas, ¿sabes?
—Pero yo estoy esperando a Julia...
—Yo soy Julia.

c) Para introducir las palabras y pensamientos de los personajes en una novela.
—Juana, ven —dijo Sara mirándome a los ojos.

Hay una raya de apertura y otra de cierre. Señala así el
narrador lo que dijo el personaje.
*—Yo no sé nada —contestó ella—. ¿De verdad creías que
sabía algo?*
*—Sí, creía que sabías algo —dijo él—, si no nunca te lo
hubiera preguntado.*

—Puede que mañana salgamos a cenar con Rosa —dijo Sergio mientras doblaba la ropa—, si a ti te parece bien, claro.

Como se ve en los ejemplos, se escribe una raya cuando el personaje comienza a hablar:
—Puede que mañana...

Se escribe otra raya cuando el narrador nos dice quién habla:
salgamos a cenar con Rosa —dijo Sergio.

Si tras esto el personaje vuelve a hablar se escribe otra raya:
mientras doblaba la ropa—, si a ti te parece bien, claro.

Si la intervención del personaje es sólo una frase se escribe una raya al inicio y otra cuando acaba de hablar y el narrador nos dice quién hablaba:
—Estoy cansada —dijo Raquel.

13. Comillas

Las comillas pueden ser de distintos tipos:
1. Comillas simples: ' '
2. Comillas españolas: « »
3. Comillas inglesas: " "
Se pueden usar cualquiera de las tres; simplemente hay que saber que si en un mismo texto han de aparecer varias partes entre comillas, éstas han de alternar.
Juana dijo: «La palabra 'jolines' es impropia de ti».
Berta dijo: «No conozco poema más hermoso que la 'Elegía' de Miguel Hernández».

Uso de comillas:

a) Cuando se escriben frases o textos de otro autor.
Kavafis escribió: «Pero tanto pensar, tanto recuerdo aturde al anciano».

San Juan de la Cruz escribió: «No llora por pensar que está olvidado».

b) Cuando empleamos una palabra vulgar o de otra lengua.
Yo no quiero ir al cole, mamá, 'jo', no quiero.
Cuando eras pequeño decías 'murciégalos'.

c) Si usamos una palabra con un sentido irónico o especial.
Ella siempre está inmersa en sus 'cosas'.

d) Cuando se escribe el significado de una palabra se pone entre comillas.
Significa 'dejar de hablar'.

e) En títulos de poemas, artículos, cuadros, etc.
Se sabe de memoria la 'Elegía' de Miguel Hernández.
¿Podrías leer en voz alta 'Palabras para Julia' de J. A. Goytisolo?

14. Diéresis

La diéresis se utiliza para que ciertas vocales en determinados contextos se pronuncien.

Cuando la consonante *g* va seguida de *u + e, i: guerra, guiso*, la *u* no se pronuncia. Para que dicha *u* se pronuncie, porque en algunas palabras ha de pronunciarse, se escribe la diéresis sobre la *u*.

argüir, cigüeña, antigüedad, lingüística...

15. Barra

La barra es un signo que se usa en casos muy concretos. Estos casos son:

a) Cuando se trascriben versos de un poema en una línea, o más, de manera continuada, se usa la barra para marcar las separaciones de los versos.

Mil gracias derramando / pasó por estos sotos con presura / y yéndolos mirando / con sola su figura / vestidos los dejó de su hermosura.

San Juan de la Cruz, Cántico espiritual

b) En enunciados como los siguientes:
300 euros/mes
45 km/h

c) En la abreviatura de calle:
c/ Goya, c/ Serrano, c/ Sagasta

16. Asterisco

El asterisco se usa cuando queremos señalar que una oración, construcción o palabra es incorrecta.

me se cayó el tenedor (lo correcto: *se me cayó el tenedor*)
*opino *de que tienes razón* (lo correcto: *opino que tienes razón*)

Capítulo VI

Abreviaturas, siglas y acrónimos

1. Las recurridas pero no siempre bien escritas abreviaturas

Antes de dar la lista de abreviaturas conviene hacer algunas aclaraciones.

Detrás de las abreviaturas se escribe normalmente, salvo excepciones a las que a continuación me referiré, punto.

ibid., etc., pág.

No siempre se escribe este punto, tal y como he adelantado, pues en ciertos casos tal punto no aparece; es el caso de los puntos cardinales.

N (Norte) S (Sur) E (Este) O (Oeste)

Los símbolos de los elementos químicos y de las unidades de medida también se escriben sin punto.

kg (kilogramo)

El hecho de que una palabra se escriba abreviada no quiere decir que se prescinda de la tilde si la lleva al escribirse la palabra entera.

pág. (página)

Cuando la abreviatura esté formada por más de una palabra se separarán con una barra: /

c/c (cuenta corriente)

La barra a veces se usa en lugar del punto.

v/ (visto)

Cuando una abreviatura está formada por una letra y quiere ponerse en plural se puede repetir la letra en cuestión y se entenderá que se refiere al plural de la abreviatura.

pp. (páginas)

Cuando la abreviatura está formada por más de una letra su plural se hará añadiendo *-s* o *-es* según corresponda.

Dres. (doctores), Sres. (señores)...

2. Las siglas

Las siglas están formadas por varias letras que coinciden con la inicial de cada una de las palabras que representan.

DNI: D(documento) N(nacional) I(identidad)
NIF: N(úmero) I(dentificación) F(iscal)

Se escriben con letras mayúsculas y sin puntos.

DNI, ONU, CD, ARN, VIH, FIFA, NIF...

Existen algunos casos de siglas que, por su uso, han pasado a utilizarse como nombres comunes, por ejemplo: *sida*, siendo ya normal encontrar esta sigla escrita en minúscula, como cualquier palabra. No obstante es una sigla que en principio debía escribirse como las demás, es decir, en mayúscula.

3. Los acrónimos

La Real Academia Española define acrónimo así: 'Tipo de sigla que se pronuncia como una palabra. || Vocablo formado por la unión de elementos de dos o más palabras, constituido por el principio de la primera y el final de la última'.

OVNI (se pronuncia como una sola palabra)
BANESTO_ BAN(CO) ES(pañol) de (crédi)TO

Capítulo VII

¿Con una o con dos palabras?

1. Brevísima introducción

Este capítulo está dedicado a palabras que pueden provocar ciertas dudas a la hora de escribirlas, porque la misma palabra puede escribirse en una sola palabra (por ejemplo: abordo), y en dos palabras (por ejemplo: a bordo).

2. Las palabras que más dudas generan por poder escribirse de dos maneras

Las palabras que se van a analizar, para solventar así las posibles dudas referentes a su escritura, son las siguientes:
- Abordo / a bordo
- Acuestas / a cuestas
- Adonde / adónde / a donde
- Adondequiera que / a donde quiera que
- Alrededor / al rededor
- Aparte / a parte
- Apropósito / a propósito
- Asimismo / así mismo / a sí mismo
- Comoquiera / como quiera / como quiera que
- Conque / con que
- Demás / de más
- Dondequiera / donde quiera
- Enseguida / en seguida
- Entorno / en torno
- Entretanto / entre tanto
- Maleducado / mal educado
- Mediodía / medio día
- Porque / por que / porqué / por qué
- Quienquiera / quien quiera
- Sinfín / sin fin

- Sino / si no
- Sinúmero / sin número
- Sinsabor / sin sabor
- Sinvergüenza / sin vergüenza

Abordo / a bordo

Abordo. Verbo abordar.

Significados:

- Dicho de una embarcación: llegar a otra, chocar o tocar con ella.

Soy el capitán de este barco, y con vuestra ayuda o sin ella he decidido que abordo ese barco enemigo, suceda lo que suceda.

- Acercarse a alguien par hacerle una pregunta, iniciar un diálogo o tratar algún asunto.

Déjame a mí, que yo abordo al profesor y seguro que acaba diciéndome lo que queremos saber.

A bordo. Locución adverbial: en una embarcación, y en otros vehículos.

Les damos la bienvenida y les informamos de que comerán a bordo, pues no será posible llegar a Inglaterra en el tiempo previsto.

Acuestas / a cuestas

Acuestas. Verbo acostar. Segunda persona del singular del presente de indicativo.

O te acuestas ahora mismo o estarás castigado toda la semana.

Si no acuestas a la niña no se dormirá.

¿Por qué no te acuestas ya?

A cuestas. Sobre los hombros o las espaldas.

Llevé todos los muebles a cuestas.

¿No pretenderás que lleve todo eso a cuestas?

Es imposible que lleve todo el equipaje a cuestas, pesa demasiado.

Adonde / adónde / a donde

Adonde. Adverbio relativo.

Como relativo que es ha de referirse siempre a un antecedente, es decir, a un sustantivo anterior.

Vengo de la tienda adonde tú me mandaste.

El lugar adonde voy no te gustaría.

El restaurante adonde vamos está cerca de tu trabajo.

En los tres ejemplos *adonde* se refiere a un antecedente:

1. En el primer ejemplo el antecedente es *tienda*.
2. En el segundo ejemplo el antecedente es *lugar*.
3. En el tercer ejemplo el antecedente es *restaurante*.

Adónde. Adverbio interrogativo.

Sólo se puede usar y, por tanto, sólo es correcto usar este adverbio con verbos que expresen movimiento.

No puede usarse en dos palabras, sólo en una.

¿Adónde vamos con tanta prisa?

¿Adónde estamos yendo?

En los dos ejemplos el adverbio *adonde* va con un verbo de movimiento: ir.

A donde. Preposición (a) + adverbio relativo (donde).

Se usa cuando no aparece el lugar al que se refiere.

A donde vas nadie sabe nada de nadie.

A donde voy o de donde vengo no creo que sea de tu incumbencia.

Iré a donde nadie me conozca.

Al contrario que con el adverbio *adonde* que requería la presencia de un antecedente, *a donde* requiere que no lo tenga; es decir que no haya ningún sustantivo en la oración al que se refiera. En los ejemplos, *a donde* no se refiere a otro sustantivo.

Adondequiera / a donde quiera

Adondequiera. Adverbio.

Significado: a cualquier parte.

Viajaré adondequiera que pueda encontrarte.

(Viajaré a cualquier parte que pueda encontrarte).

Iré contigo adondequiera que vayas; no lo dudes nunca.

(Iré contigo a cualquier parte que vayas, no lo dudes nunca).
A donde quiera. A donde + verbo quiera
De acuerdo, iré a donde quiera Juan ir.
Hemos decidido ir a donde quiera él.
Siempre irás a donde él quiera, porque tú no te atreves a expresar tu opinión.

Alrededor / al rededor

Aunque puedan encontrarse en algún escrito, sobre todo si es antiguo, las palabras *al rededor* escritas de manera separada, no es lo más deseable en la actualidad. Es más correcto escribirlo siempre y en todos los casos como una sola palabra: *alrededor.*
Todos estaban a su alrededor.
Esa casa costará alrededor de 20 millones de pesetas.
Estuvimos por los alrededores del pueblo.
¿Cuánta gente hay a tu alrededor?
Siempre hay hombres a su alrededor; los atrae.

Aparte / a parte

Aparte. - Verbo apartar.
Aparte usted eso de ahí inmediatamente.
He dicho que aparte su perro de la puerta de mi jardín o llamaré a la policía.
Puede que aparte mi vida de la tuya, mas eso no significa que te olvide.
- Adjetivo: diferente, distinto, singular.
Mi hermano ha sido un músico aparte en la historia del jazz.
- Adverbio: en otro lugar.
Pon tus cosas aparte, por favor.

A parte. Preposición (a) + Sustantivo (parte)
Se hizo una revisión de parte a parte.
El examen se hará solamente a parte de la clase: la parte que haya tenido mal comportamiento durante el curso.

Apropósito / a propósito

Apropósito. Pieza teatral.

Representaron un apropósito y no resultó mal.

A propósito. - Locución adverbial: intencionadamente.

Lo he roto y lo siento, pero no lo he hecho a propósito.

¿Tú te crees que yo te querría ofender a propósito?

- Locución prepositiva.

A propósito de la conversación que mantuvimos ayer, he de decirte que perdones mi actitud, pero es que cuando hablo de ciertos temas me pongo muy nervioso y digo cosas que ni siquiera pienso.

Asimismo / así mismo / a sí mismo

Asimismo. Significado: También, además.

Comió la carne y dejó el pescado. Asimismo nosotros comimos la carne y dejamos el pescado.

Te daré la factura y tú tendrás asimismo que enviarme a mí el recibo.

Así mismo. - Es similar a asimismo; no obstante, la RAE prefiere esta forma: así mismo.

Comió la carne y dejó el pescado. Así mismo nosotros comimos la carne y dejamos el pescado.

Te daré la factura y tú tendrás así mismo que enviarme a mí el recibo.

A sí mismo. Preposición (a) + pronombre (sí) + adjetivo (mismo).

Se mira a sí mismo como si fuera el centro del mundo.

Ojalá se juzgara a sí mismo con la misma severidad con que juzga a los demás.

Es incapaz de verse a sí mismo como realmente es.

Comoquiera / como quiera / como quiera que

Comoquiera. - Adverbio de modo: de cualquier manera.

Sea comoquiera, la huella del Arcipreste se halla fuertemente impresa en la tradición... (Manuel Seco, *Diccionario de dudas y dificultades de la lengua española*, p. 118).

Como quiera. Igual que comoquiera: adverbio de modo (de cualquier manera).

Comoquiera que. - Conjunción: de cualquier manera que.

Comoquiera que sea, la actitud negativa no tiene disculpa.

- Conjunción: dado que.

Comoquiera que las personas aquí presentes no están dispuestas a respetar la normativa, todas serán despedidas de esta empresa.

Como quiera que. - Igual que comoquiera que: conjunción (de cualquier manera que).

Como quiera que sea, la actitud negativa no tiene disculpa.

- Conjunción: dado que.

Como quiera que las personas aquí presentes no están dispuestas a respetar la normativa, todas serán despedidas de esta empresa.

Conque / con que

Conque. - Conjunción consecutiva: así que.

No voy a ir, conque deja ya de insistir.

Has suspendido tres asignaturas, conque ya sabes lo que te espera este trimestre.

- Se puede usar también así:

¿Conque ésas tenemos?

¿Conque ibas a aprobarlo todo?

¿Conque habías de fumar?

Con que. -Preposición (con) + relativo (que).

Éste es el dinero con que nos iremos de vacaciones.

- Preposición + conjunción.

No me vengas con que tenemos que salir pronto de casa porque hay que llegar a tiempo a casa de tus padres; que luego llegamos y ni siquiera ellos están.

Demás / de más

Demás. Indefinido.

Díselo a los demás.

Los demás familiares se quedaron en casa de Rosa.

Fueron Javi, Raquel, Valeria y demás empleados de la empresa.
Los demás no cuentan, sólo tú y yo podemos decidirlo.
- Locución.
Por lo demás todo está bien.

De más. Preposición (de) + adverbio (más).
No me acuerdo de más cosas, lo siento.
Lo que acabas de decir está de más, ¿no te parece?
En mi opinión hoy has comido de más, así que no deberías cenar, porque puedes ponerte enfermo.

Dondequiera / donde quiera

Dondequiera. Adverbio: En cualquier parte.
Lleva normalmente un que a continuación (dondequiera que).
Dondequiera que estés, acuérdate siempre del lugar del que procedes.
(En cualquier parte que estés, acuérdate siempre del lugar del que procedes).
Dondequiera que trabajes, compórtate como un buen trabajador y sé siempre un buen compañero.
(En cualquier parte que trabajes, compórtate como un buen trabajador y sé siempre un buen compañero).

Donde quiera. Adverbio donde + verbo querer.
Hemos decidido que iremos donde quiera Juan.
Finalmente celebraremos la fiesta donde quiera Sonia, que para eso es la que la organiza.
A mí me da igual donde quiera ir mi primo, yo iré al colegio de todas maneras, porque tengo clase y eso es lo más importante.

Enseguida / en seguida

Ambos adverbios se usan en los mismos casos y ambas formas (en una palabra o en dos) son igualmente correctas.
Ven enseguida / en seguida.
Necesito que lo hagas enseguida / en seguida.

Necesito una solución enseguida / en seguida.

Date prisa y hazlo enseguida / en seguida.

Enseguida / en seguida supo que no haría nada más por él.

Entorno / en torno

Entorno. Nombre: Ambiente, lo que rodea.

El entorno es fundamental en la infancia de cualquier niño, ¿no te parece?

Nuestra casa está ubicada en un entorno natural maravilloso.

El entorno del colegio de Jaime no me gusta nada.

En torno. Preposición (en) + torno.

Voy a haceros una foto, así que poneos todos en torno a vuestra tía, ¿de acuerdo?

Estarías mejor si os pusierais en torno a ese árbol.

Entretanto / entre tanto

Entretanto. Puede ser:

- Adverbio: mientras tanto, en cuyo caso puede escribirse en una palabra o en dos. Es más deseable escribirlo en dos palabras.

Yo iré al colegio a buscar a Juana, entre tanto (entretanto) tú irás haciendo la cama y ordenando el armario.

- Nombre: tiempo intermedio. En este caso sólo puede escribirse en una palabra.

Fuimos al lavabo en el entretanto.

- Locución conjuntiva: entretanto que / entre tanto que. Cuando es locución puede escribirse en una o en dos palabras + la conjunción que.

Entretanto / entre tanto que llegas, nosotros preparamos la cena.

Entre tanto. - Adverbio (como entretanto), preferiblemente escrito en dos palabras.

Yo voy a hacer la compra, entre tanto tú vete haciendo la comida.

- Locución conjuntiva (como entretanto que).

Entre tanto que acabas los deberes, yo voy preparándote la cena.

Maleducado / mal educado

Maleducado. - Adjetivo: Malcriado.

¡Qué maleducado es ese crío!

Es un maleducado y su madre ni se entera, pues nunca le dice nada.

- Verbo maleducar:

Has maleducado al niño, no lo niegues.

Si no hubieseis maleducado tanto a vuestro hijo no tendríais ahora los problemas que tenéis.

Mal educado. Se puede escribir separado cuando es adjetivo.

Es un auténtico mal educado (maleducado).

No puedo soportar a Sergio; es un mal educado (maleducado).

Mediodía / medio día

Mediodía. Nombre: Momento en que está el Sol en el punto más alto de su elevación sobre el horizonte. || Período de extensión imprecisa alrededor de las doce de la mañana.

Se ha decidido que los viernes acabaremos de trabajar a mediodía.

Siempre vuelvo a casa a mediodía para comer con mi familia, aunque luego tenga que volver al trabajo.

Me encanta pasear a mediodía porque las calles están desiertas.

Medio día. Adjetivo (medio) + nombre (día).

Tienes medio día para estudiar lo que te queda para el examen.

¿Y qué quieres que haga con sólo medio día de plazo?

En medio día es imposible que tenga preparado ese proyecto; es demasiado trabajo.

Porque / por que / porqué / por qué

Porque. Conjunción causal: introduce una explicación, la razón por la que sucede lo expresado en la oración.

Iré porque quiero.

Te hago un regalo porque me apetece.

No ha ido hoy a clase porque está muy enfermo.

En el primer ejemplo *porque* introduce la razón por la que sucede lo expresado antes, es decir, la causa por la que iré, que es porque quiero.

En el segundo ejemplo *porque* es similar, pues explica que te hago un regalo porque quiero.

En el tercer ejemplo *porque está muy enfermo* es la razón por la que no ha ido a clase.

Por que. - Preposición por + pronombre relativo que.

Ésta es la causa por que he venido hoy a protestar.

Puede introducirse entre *por* y *que* el determinante *la*.

Ésta es la causa por la que he venido hoy a protestar.

Puede también añadirse *la cual*.

Ésta es la causa por la cual he venido hoy a protestar.

- Preposición por + conjunción que.

Juana se decanta por que no vayamos a clase hoy.

Ellos apuestan por que esta noticia no se publique.

Porqué. - Nombre que significa causa.

Dime el porqué de tu actuación.

Puede sustituirse por *la causa*.

Dime la razón de tu actuación.

No sé el porqué de mi malhumor, sólo sé que últimamente no puedo evitarlo.

No sé la causa de mi malhumor, sólo sé que últimamente no puedo evitarlo.

Por qué. Pronombre interrogativo.

¿Por qué no quieres venir con nosotras?

¿Por qué has hecho eso?

¿Por qué siempre estás tan triste?

Quienquiera / quien quiera

Quienquiera. Pronombre: cualquier persona.

Va seguido de *que*.

Quienquiera que sea el que está llamando de esa manera a la puerta es un maleducado.

Quienquiera que necesite consultarme algo podrá hacerlo en las horas indicadas en el tablón.

El plural de quienquiera es *quienesquiera*. Por lo tanto, debe evitarse el uso de quienquiera cuando se refiera a varias personas, porque ese uso es incorrecto, ya que existe el plural quienesquiera.

Quien quiera. Pronombre + verbo.

Quien quiera un caramelo que levante la mano.

Quien quiera una manzana que venga y me lo diga.

Quien quiera más folios sólo tiene que venir y pedírmelos.

Sinfín / sin fin

Sinfín. Nombre: infinidad.

Podría darte un sinfín de razones por las que hoy no pienso hacerte caso.

No puedo entretenerme más; un sinfín de asuntos me espera sobre la mesa del despacho.

Ahí fuera hay un sinfín de alumnos esperando a que les expliques tu ausencia de ayer.

Sin fin. Preposición (sin) + fin.

Esta reunión se está convirtiendo en un fenómeno sin fin.

Las obras sin fin de esta casa están acabando con mis nervios.

Sino / si no

Sino. - Conjunción adversativa.

No es esto lo que tienes que hacer, sino aquello, ¿comprendes?

No es ella quien tiene la culpa, sino él.

No compré yo tu casa, sino mi madre.

- Nombre: destino.

Ése es nuestro sino: morir.

Al parecer tu sino es estar con hombres que te hagan sufrir, ¿no crees?

¿Tú crees que todos tenemos un sino?

Si no. - Conjunción condicional (si) + adverbio de negación (no).

Si no haces inmediatamente tus deberes, mañana no irás al cine con tus amigos.

Si no sabes disfrutar de la vida, pues no disfrutes, pero no nos amargues la existencia a los demás.

- Conjunción *si* que introduzca interrogativa indirecta + no.

Me pregunto si no preferirá que vayamos hoy en lugar de mañana.

Seguro que se estará preguntando si no habremos visto ya sus notas.

Sinnúmero / sin número

Sinnúmero. Nombre: Infinidad.

Tengo un sinnúmero de problemas y tú vienes añadir uno más.

Un sinnúmero de quejas aguarda en tu despacho.

Había un sinnúmero de trabajadores en la manifestación de ayer por la tarde.

Sin número. Preposición (sin) + número.

Señora, sin número no puede usted hacer la cola, ¿comprende?

Sin número no hay posibilidad de que yo la atienda, le dije que tenía que sacar uno.

Sinsabor / sin sabor

Sinsabor. Nombre: Pesar, desazón moral, pesadumbre.

Pues un sinsabor más que sumo a la larga lista de sinsabores que reúne ya mi existencia.

No te preocupes tanto, mujer, que un sinsabor se lo lleva cualquiera.

Sin sabor. Preposición (sin) + sabor

Los yogures sin sabor a fresa no me gustan.

Lo único que no soporto es la comida sin sabor a comida, o sea, esa comida que tiene sabor a plástico.

Sinvergüenza / sin vergüenza

Sinvergüenza. Adjetivo: Pícaro, bribón.

> *¡Qué sinvergüenza eres!*
>
> *Desde luego, eres un sinvergüenza, ¡has falsificado las notas!*
>
> *El sinvergüenza de tu hermano lleva tres noches sin aparecer por casa.*

Sin vergüenza. Preposición (sin) + vergüenza.

> *Para llegar a vivir sin vergüenza se necesita, creo yo, mucho tiempo y mucha experiencia.*
>
> *Vivir sin vergüenza y sin temor al ridículo es quizá solamente una utopía.*

Capítulo VIII

Palabras «problemáticas»

1. Palabras no tan fáciles de escribir correctamente

Ciertas palabras del español generan dudas en los hablantes a la hora de escribirlas, es decir que su ortografía presenta para algunos determinados problemas. Son muchas las que se podrían tratar en este capítulo, sin embargo sólo las más usadas y quizá también más «problemáticas» tendrán cabida.

Estas palabras son las siguientes:
- Abasto
- Acción (y derivados), calefacción, instrucción, corrección, conducción
- -bs-
- Encinta
- Hay / ahí
- Inaugurar
- O sea
- Patena
- Pátina
- Reivindicar
- También
- Tan bien
- Tampoco
- Tan poco

1. *Abasto*, ¿una o dos palabras?

Siempre se escribe en una sola palabra: *abasto*, siendo incorrecto escribirla en dos: **a basto*, aunque sea frecuente esta última grafía.

Con tanto trabajo yo ya no doy abasto.

¿Cómo pretendes que dé abasto con toda la tarea que me has puesto y el poco tiempo que me has dado?

El pobrecillo ya no da más abasto, lleva tres meses encerrado estudiando y ha suspendido.

Si diera abasto te prometo que lo haría, pero es imposible, ya no puedo más.

2. Hay que escribir *-cc-* en: *acción* (y derivados: *transacción, putrefacción, extracción...*), *calefacción, instrucción, corrección, conducción.*

Estas palabras (y sus derivados) siempre se escriben con *-cc-*: *acción, transacción, putrefacción, extracción, calefacción, instrucción, corrección, conducción...*

No hace falta que digas nada, tu buena acción habla por ti.

¿Hiciste ya la transacción bancaria?

La congelación evita la putrefacción de los alimentos.

La extracción del quiste aliviará tu dolor.

¿Está puesta la calefacción?

Dame una sola instrucción más y no haré nada de lo que me has mandado.

La corrección ortográfica es fundamental.

La conducción temeraria acaba siempre llevándole a uno a un accidente.

3. Un grupo consonántico que genera dudas: *-bs-*

En ciertas palabras el grupo *-bs-* puede aparecer con la *-b-* y sin ella. Es más habitual actualmente que no aparezca la *-b-*, además de ser también preferible dicha omisión. Esto no sucede en todas las palabras con el grupo consonántico citado, pero sí en algunas:

oscuro, sustancia, sustraer, sustrato

Las palabras que por el contrario no pueden prescindir de tal *-b-* son las siguientes:

abstemio, abstenerse, abstraer, obstáculo, obstinar...

Prescindir de la *b* en estos últimos casos señalados (*abstemio, abstenerse...*) es incorrecto.

4. ¿Cómo se escribe *encinta*?

Aunque en alguna ocasión hayamos leído esta palabra escrita en dos, siempre se debe escribir en una, ya que se trata de una palabra: encinta (embarazada).

Juana está encinta, ¿sabes?

Acabo de hacerme la prueba y ha resultado que efectivamente estoy encinta.

Creía que a estas alturas de mi vida sería imposible quedarme encinta.

5. No deben pronunciarse de la misma manera ni escribirse de igual forma: *hay, ahí*.

Aunque estas dos palabras no deberían pronunciarse igual, pues *hay* no lleva tilde y su acento recae sobre la *a,* y *ahí* lleva tilde en la *í*, sucede que algunos hablantes pronuncian ambas palabras de la misma forma. Es incorrecto, pues son diferentes en su acentuación, mas el hecho de que algunos lo hagan da lugar a ciertas dudas. Por esta razón se explica a continuación lo que significa cada una de ellas.

- *Hay*: verbo haber.

¿Hay patatas en casa?

¿Hay gente en la fiesta?

¿Hay hombres en la piscina?

- *Ahí*: adverbio de lugar.

Pon las cosas ahí.

Deja los libros ahí.

Ahí es donde tienes que quedarte.

6. Una u que muchas veces nos comemos tanto al hablar como al escribir: *inaugurar*.

Esta palabra tiene una *u* entre *a* y *g*: inaugurar, y no podemos suprimirla aun cuando haya ocasiones en las que esa *u* se pierda al pronunciar el verbo inaugurar o cualquiera de sus formas y derivados.

Inauguró Juan la exposición.

¿Irán ustedes a la inauguración de mi tienda?

Inauguraremos el restaurante el mes que viene.

Estoy muy nervioso porque mañana inauguro el bar.

La fiesta de inauguración fue un éxito.

7. Son dos palabras, nunca una: *o sea*.

Nunca debe escribirse como una sola palabra. Son dos: *o sea*.

O sea que fue Juan quien te invitó, ¿no?

O sea que tú crees en mí, ¿no?

8. *Patena* no es lo mismo que *pátina*.

Patena: 'Platillo de oro o de otro metal, dorado, en el cual se pone la hostia en la misa desde acabado el paternóster hasta el momento de consumir. ‖ Lámina o medalla grande con una imagen esculpida, que se pone al pecho y la usan para adorno las labradoras. ‖ Muy limpio'.

No debe confundirse esta palabra con *pátina* o *patina*, las cuales se explican a continuación.

9. *Pátina*.

Pátina: 'Especie de barniz duro, de color aceitunado y reluciente, que por la acción de la humedad se forma en los objetos antiguos de bronce. ‖ Tono sentado y suave que da el tiempo a las pinturas al óleo y a otros objetos antiguos. ‖ Ese mismo tono obtenido artificialmente. ‖ Carácter indefinido que con el tiempo adquieren ciertas cosas'.

El error ortográfico que se comete a veces en esta palabra es pronunciarla o escribirla sin la obligada tilde sobre la primera a: *pátina*.

Incorrecto:

patina

Correcto:

pátina

10. No escribamos ni digamos una *n* donde no la hay: *reivindicar*.

Este verbo y todas sus formas y derivados no tiene una *n* entre la primera *i* y la *v*, luego la grafía **reinvindicar* es absolutamente incorrecta.

Lo correcto tanto al hablar como al escribir es: *reivindicar*.

Reivindicaron sus derechos.

Es necesario hacer una reivindicación.

11. *También.*

Esta palabra debe llevar siempre una *m* ante la *b*, algo ya explicado en la ortografía de las letras, aunque a veces al hablar la *m* que precede a la *b* suene como una *n*.

Yo también quiero ir al cine.

Mónica me ha dicho que Juan y Pablo también vendrán a la cena de Montse.

Yo también he sido joven, ¿sabes?

También tú llegarás a mi edad, no creas que siempre vas a ser una niña.

12. *Tan bien.*

Debe escribirse en dos palabras y no debe confundirse con la palabra *también*.

¡Se está tan bien aquí...!

¿Tú crees que Pepa estará tan bien como nosotras?

Ojalá la ropa me quedara a mí tan bien como te queda a ti.

13. *Tampoco.*

Como *también*, esta palabra lleva siempre *m* antes de *p*: *tampoco*. Sucede que a veces es pronunciada tal *m* como una *n* generando así los consabidos errores.

Tampoco has comido carne, ¿es que quieres morirte de hambre?

Ellas no vendrán tampoco.

Tampoco me he portado tan mal, ¿no?

14. *Tan poco.*

Siempre se escribe en dos palabras. No debe confundirse con *tampoco*.

Comes tan poco que pareces un pajarito.

¿De verdad que has tardado tan poco tiempo en llegar hasta aquí?

Hizo el examen en tan poco tiempo que pensé que suspendería.

Capítulo XI

Los nombres

1. Propios y comunes

Los nombres pueden ser propios o comunes. Si son nombres comunes la primera letra se escribirá en minúscula y si son propios la primera letra se escribirá en mayúscula. Y ahora viene la inevitable pregunta: ¿qué es un nombre propio y qué es un nombre común?

Nombre común es aquel que empleamos para nombrar realidades y objetos genéricos, mientras que el nombre propio se refiere a algo en particular. Veamos unos ejemplos, que siempre ilustran mejor la teoría.

- Nombre común:
  coche, casa, perro, animal, país, ciudad, mujer, calle, plaza, etc.

- Nombre propio:
  Nombres de personas:
  Antonio, Belén, Claudio, Paola, Ana...
  Nombres de continentes:
  Asia, América, Oceanía, África, Europa...
  Nombres de países:
  Portugal, Chile, Argentina, Francia...
  Nombres de ciudades:
  Quito, Toledo, San José, Managua...
  Nombres de pueblos:
  Orgaz, Pedraza, Toro, Potes...
  Nombres de ríos:
  Duero, Ebro, Orinoco, Nilo, Amazonas...
  Nombres de calles:
  Goya, Serrano, Alcalá, Génova...
  Nombres de plazas:
  Plaza Mayor, de España...

2. Género

Los nombres tienen género, es decir, pueden ser masculino o femenino (igual que las personas), y tienen su propia terminación o llevan alguna marca que los identifica como masculinos o femeninos. En la tabla se expone esta cuestión:

Masculino	Femenino
• Termina en -o: gato, perro	• Termina en -a: gata, perra
• No termina en -o, pero lleva el artículo el: el sur, el norte...	• No termina en -a pero lleva el artículo la: la calle, la mansión
• No termina en -o pero lleva adjetivo terminado en -o: hermoso sur...	• No termina en -a pero lleva adjetivo terminado en -a: calle bonita...
• Termina en -a pero es masculino: (el) día	• Termina en -o pero es femenino: (la) mano

3. Número

Los nombres pueden ser singular o plural, y a esto último es precisamente a lo que llamamos número. Veamos ahora qué es singular y qué es plural, o más exactamente qué designa cada número.

• Singular: designa una solo ser o realidad.
• Plural: designa más de un ser o realidad.

La dificultad no estriba, tal y como puede comprobarse, en saber si un nombre es singular o plural, sino en cómo se forman determinados plurales. Para ello debemos conocer las siguientes pautas de formación de plural.

Formación del plural:

- Añadiendo -s cuando los sustantivos terminen en vocal átona (no acentuada) y también cuando terminen en -é tónica (acentuada), -á tónica (acentuada), -ó tónica (acentuada). *Café* (termina en -é tónica) - *cafés*, *coche* (termina en vocal no acentuada) - *coches*, *mamá* (termina en -á tónica) - *mamás*...

114

vocal átona: *coche - coches*
é tónica: *café - cafés*
á tónica: *mamá - mamás*
o tónica: *capó - capós*

- Añadiendo -*es* cuando el sustantivo termina en consonante (*sol - soles*) o en -*í* tónica (*alhelí - alhelíes*).

acabados en -í tónica	acabados en consonante
alhelí - alhelíes	camión - camiones
israelí - israelíes	poder - poderes
jabalí - jabalíes	cajón - cajones
iraquí - iraquíes	tambor - tambores
iraní - iraníes	papel - papeles

4. Nombres plurales para singular

Existen algunos nombres en plural que designan singular. Es el caso de: *las gafas*, *las tijeras*, *las pinzas*, *los alicates*, *los pantalones*. Nos referimos en los ejemplos citados a un único elemento o realidad, pues cuando decimos, por ejemplo, *dame las gafas*, estamos solicitando una sola cosa, no varias, como haría suponer el uso del plural. No obstante, también es cierto que muchos de los nombres señalados se usan también en singular: *gafa*, *pantalón*, *tijera*, *pinza*... Sin embargo, los objetos designados por estos nombres están compuestos por dos partes (las gafas tienen dos partes, así como los pantalones, pinzas, tijeras, etc.), y, por lo tanto, será mejor, más adecuado, usarlos en plural.

Conviene citar también en este apartado a esos sustantivos cuya existencia sólo puede darse en plural, porque carecen de singular: *entendederas*, *añicos*, *víveres*, *nupcias*... Por tanto, es del todo incorrecto su empleo en singular, evitemos pues: **entendedera*, **añico*, **víver*, **nupcia*.

Capítulo X

El uso adecuado del determinante

1. El determinante

El determinante siempre acompaña a un nombre con el que obligatoriamente ha de concordar en género y número, de tal manera que si el nombre es masculino y singular el determinante también habrá de serlo (ejemplo: el perro); si el nombre es femenino y singular el determinante será femenino y singular (la perra...).

2. Uso correcto e incorrecto de un determinante que se usa mucho y no siempre como se debería: el posesivo

El determinante que más errores provoca tanto en la lengua escrita como en la hablada es el determinante posesivo. La razón de este error es que se usa detrás del nombre al que acompaña cuando debe ir antepuesto: pero veamos primero cuál es el determinante posesivo que debe ir antepuesto:

| *Singular* | | *Plural* | |
masculino	*femenino*	*masculino*	*femenino*
mi	mi	mis	mis
tu	tu	tus	tus
su	su	sus	sus
nuestro	nuestra	nuestros	nuestras
vuestro	vuestra	vuestros	vuestras
su	su	sus	sus

Los determinantes posesivos que hemos visto en la tabla siempre ocuparán una posición anterior al nombre:

mi hermano, su tía, tu libro, nuestras ideas, sus amigos, vuestra vida...

Sólo *nuestro/a(s)*, *vuestro/a(s)* pueden posponerse:

eso es cosa vuestra
esto es cosa nuestra

Ahora bien, el determinante posesivo puede posponerse en más ocasiones que en las citadas, en cuyo caso la forma que adopta es la siguiente:

| | | Plural | |
| Singular | | | |
masculino	femenino	masculino	femenino
mío	mía	míos	mías
tuyo	tuya	tuyos	tuyas
suyo	suya	suyos	suyas
nuestro	nuestra	nuestros	nuestras
vuestro	vuestra	vuestros	vuestras
suyo	suya	suyos	suyas

Este determinante posesivo es, por tanto, el que va pospuesto al nombre.

hijo mío, cielo mío, vida nuestra...

Ahora bien, hay que emplear este determinante con precaución, ya que puede cometerse el error que a continuación se ejemplifica:

*Ponte detrás mío/mía.
*Vete delante suyo/suya.
*Iré encima tuya/tuyo.

Estaba delante nuestro/nuestra.
Hablé detrás vuestro/vuestra.

Todas las construcciones que acabamos de ver son incorrectas. Serían correctas de la siguiente manera:

Ponte detrás de mí.
Vete delante de él / ella.
Iré encima de ti.
Estaba delante de nosotros / nosotras.
Hablé detrás de vosotros / vosotras.

Dejan de ser en estos ejemplos determinantes posesivos, y se convierten en pronombres: mí, él, ella, ti, nosotros, nosotras, vosotros, vosotras. Recuerde el lector que el determinante siempre acompaña a un nombre, mientras que el pronombre siempre va solo, es decir que no acompaña a palabra alguna en la oración. Por ello, en las últimas oraciones ya no se trataba de determinantes sino de pronombres, pues como puede comprobarse aparecen solos, no acompañan a un nombre.

3. Artículo masculino + nombres femeninos: una cuestión fundamental

Existen en español algunos nombres que siendo femeninos llevan en singular artículo masculino.

el águila	*el agua*	*el aula*	*el arma*
el alma	*el ama*	*el área*	*el hacha*

Sin embargo, cuando estos mismos nombres están en plural el artículo que los acompaña es femenino.

las águilas	*las aguas*	*las aulas*	*las armas*
las hachas	*las almas*	*las amas*	*las áreas*

Esto es así porque todos los sustantivos femeninos que comiencen por *a-* o *ha-* tónicas deberán llevar en singular el artículo *el* y nunca *la*, aunque en plural el artículo sea femenino concordando con el género del nombre al que acompañan.

Ahora bien, si entre el artículo y el sustantivo hay otra palabra el artículo no será *el*, sino que será *la*.

la inmensa águila
la salada agua
la pequeña aula
la peligrosa arma
la vieja hacha
la triste alma
la joven ama
las grandes áreas

En el siguiente caso también llevará determinante masculino:

un águila   un ama   un hacha   un ama

En plural será femenino:

unas águilas   unas amas   unas hachas   unas amas

Si es un determinante demostrativo (*este/a*, *ese/a*, *estos/as*, *esos/as*) lo que antecede al sustantivo femenino con *a-* o *ha-* tónicas, éste estará en femenino.

esa/esta águila   *esa/esta/aquella agua*
esa/esta/aquella aula   *esa/esta/aquella arma*
esa/esta/aquella hacha   *esa alma/esta/aquella alma*
esa ama/esta ama/aquella ama   *esa/esta/aquella área*

Si es un determinante indefinido lo que antecede al sustantivo femenino con *a-* o *ha-* tónicas, el indefinido en cuestión deberá ir en género femenino.

mucha/poca/demasiada/tanta agua

4. Los numerales y su escritura

Dentro los determinantes numerales encontramos dos tipos: ordinales (*primero, segundo, tercero...*) y cardinales (*uno, dos, tres, cuatro...*). Existen algunas dificultades o dudas a la hora de escribirlos que vamos a tratar de solventar con este apartado.

En primer lugar hay que explicar que los cardinales (*uno, dos, tres, cuatro...*) se escriben en una palabra desde el uno hasta el treinta: *uno, dos, tres, cuatro..., dieciséis, diecisiete, dieciocho..., veintiocho, veintinueve, treinta*. Sin embargo, hay cuatro números que pueden escribirse de dos manera y ambas son correctas:

dieciséis / diez y seis
diecisiete / diez y siete
dieciocho / diez y ocho
diecinueve / diez y nueve

A partir del número treinta y uno los numerales cardinales no se escribirán en una sola palabra, como se hacía hasta el treinta, sino que se escribirán todos en dos palabras, no pudiéndose escribir de otra manera:

treinta y tres
treinta y cuatro
treinta y cinco
treinta y seis

4.1. Una lista muy útil: cardinales y ordinales

Cardinales	Ordinales
Uno	*Primero/a, primer*
Dos	*Segundo/a*
Tres	*Tercero/a, tercer*
Cuatro	*Cuarto/a*
Cinco	*Quinto/a*
Seis	*Sexto/a*
Siete	*Séptimo/a*
Ocho	*Octavo/a*

Nueve	Noveno/a, nono
Diez	Décimo/a
Once	Undécimo
Doce	Duodécimo/a
Trece	Decimotercero/a
Catorce	Decimocuarto/a
Quince	Decimoquinto/a
Dieciséis, diez y seis	Decimosexto/a
Diecisiete, diez y siete	Decimoséptimo/a
Dieciocho, diez y ocho	Decimoctavo/a
Diecinueve, diez y nueve	Decimonoveno/a
Veinte	Vigésimo/a
Veintiuno/a/ún	Vigésimo/a primero/a
Veintidós	Vigésimo/a segundo/a
Veintitrés	Vigésimo/a tercero/a
Veinticuatro	Vigésimo/a cuarto/a
Veinticinco	Vigésimo/a quinto/a
Veintiséis	Vigésimo/a sexto/a
Veintisiete	Vigésimo/a séptimo/a
Veintiocho	Vigésimo/a octavo/a
Veintinueve	Vigésimo noveno/a
Treinta	Trigésimo/a
Treinta y uno/a, un	Trigésimo/a primero/a
Treinta dos	Trigésimo/a segundo/a
Treinta tres	Trigésimo/a tercero/a
Cuarenta	Cuadragésimo/a
Cuarenta y uno/a, un	Cuadragésimo/a primero/a
Cuarenta y dos	Cuadragésimo/a segundo/a
Cincuenta	Quincuagésimo/a
Cincuenta y uno/a, un	Quincuagésimo/a primero/a
Cincuenta y dos	Quincuagésimo/a segundo/a
Sesenta	Sexagésimo/a
Sesenta y uno/a, un	Sexagésimo primero/a
Setenta	Septuagésimo/a

Ochenta	Octogésimo/a
Noventa	Nonagésimo/a
Cien	Centésimo/a
ciento uno/a, un	centésimo/a primero/a
ciento diez	centésimo/a décimo/a
ciento veinte	centésimo/a vigésimo/a
ciento treinta	centésimo/a trigésimo/a
ciento cuarenta	centésimo/a cuadragésimo/a
ciento cincuenta	centésimo/a quincuagésimo/a
ciento sesenta	centésimo/a sexagésimo/a
ciento setenta	centésimo/a septuagésimo/a
ciento ochenta	centésimo/a octogésimo/a
ciento noventa	centésimo/a nonagésimo/a
doscientos	ducentésimo
trescientos	tricentésimo/a
cuatrocientos	cuadringentésimo/a
quinientos	quingentésimo/a
seiscientos	sexcentésimo/a
setecientos	septingentésimo/a
ochocientos	octingentésimo/a
novecientos	noningentésimo/a
mil	milésimo/a
mil cien	milésimo/a centésimo/a
mil trescientos	milésimo/a tricentésimo/a
mil quinientos	milésimo/a quingentésimo/a
dos mil	dos milésimo/a
dos mil doscientos uno	dos milésimo/a ducentésimo/a primero/a
tres mil	tres milésimo/a
cuatro mil	cuatro milésimo/a
diez mil	diez milésimo/a
un millón	millonésimo/a
dos millones	dos millonésimo/a
tres millones	tres millonésimo/a

5. Ningún, ninguno, ninguna

Los determinantes *ningún*, *ninguno*, *ninguna* sólo pueden estar en singular, nunca en plural. Evitemos así el error: **ningunos*, **ningunas*.

No tengo ningún problema.
No he visto a ningún actor a la salida del teatro.
Ninguna de las hijas de Juana es rubia.

6. Cualquier, cualquiera, cualesquiera

El determinante *cualquier* es válido tanto para masculino (ej.: *cualquier hombre*), como para femenino (ej.: *cualquier mujer*), y ha de ir antepuesto al nombre.

Nunca me he conformado con cualquier cosa.
Me basta con cualquier mujer.
Valdrá cualquier hombre.

El indefinido determinante *cualquiera* es válido también para masculino y femenino. Debe ir pospuesto al nombre al que acompaña.

Era un perro cualquiera.
Era una gata cualquiera.

Cualesquiera es el plural de cualquiera y su posición es la pospuesta:

Dos gatas cualesquiera.
Dos mujeres cualesquiera.

En ningún caso se debe usar la extendida y habitual pero incorrecta construcción:

*Dos gatas cualquiera
*Dos mujeres cualquiera

El nombre es plural: *gatas / mujeres*, por lo que el determinante que acompaña ha de ser plural también, y la forma *cualquiera* es singular. Debe ser *cualesquiera* el determinante que acompañe a nombres plurales.

7. Cada

Este determinante no varía, siempre permanece en su misma forma: *cada*.

Cada persona es un mundo.
Cada diez años me suben el sueldo.
Cada oveja con su pareja.

Vemos en los ejemplos que el determinante *cada* no varía, aunque en el primer caso acompaña a un nombre femenino singular (*persona*), en el segundo ejemplo a un nombre masculino plural (*años*) y en el tercero a un nombre femenino singular (*oveja*).

Puede aparecer junto a todos los cardinales, menos con *un, una*.

*Cada un día.
*Cada una semana.

Queda, pues, claro que no es posible la formación *cada + un, una*. Aunque con el resto de los numerales cardinales puede aparecer:

Cada dos días tengo que ir al médico.
Cada tres semanas mi hija se va con su padre.

Aunque *cada* no puede aparecer junto a *un / una*, sí que puede hacerlo junto a *uno / una*:

Que cada uno haga lo que tenga que hacer.

Advertencia:
Es incorrecto: **voy al colegio cada día*
Es correcto: *voy al colegio todos los días*

No debe usarse el determinante *cada* como sinónimo de todos, razón por la construcción antes ejemplificada: *voy al colegio cada día*, es incorrecta.

8. Un determinante que suele emplearse mal tanto de forma escrita como de forma oral: sendos, sendas

En primer lugar definamos este determinante, que sólo puede emplearse en plural, porque parece existir cierta confusión referente a su significado.

Sendos, *sendas*: 'uno o una para cada cual de dos o más personas o cosas' (Diccionario RAE).

Veamos ahora un ejemplo:

Los ingenieros del grupo A presentaron sendos proyectos de fin de carrera.

Quiere decir el ejemplo que cada ingeniero del grupo A presentó un trabajo.

Éste es el significado con que debe emplearse siempre este determinante.

9. Determinante interrogativo y exclamativo

9.1. *Determinante interrogativo*

Singular y plural	Singular	Plural	Singular	Plural
masculino y femenino	masculino	masculino	femenino	femenino
qué	cuánto	cuántos	cuánta	cuántas

Este determinante ha de escribirse siempre con tilde, tal y como está escrito en la tabla.

¿Qué lápiz quieres?
¿Qué camisa te has comprado?
¿Cuánto dinero nos queda?
¿Cuántos hombres vendrán?
¿Cuántas mujeres han venido?

Como vemos en los ejemplos, el determinante interrogativo va entre interrogaciones; mas no es ésta la única posibilidad, ya que puede aparecer sin interrogaciones y ser un determinante interrogativo.

Me preguntó qué quería.
Quisiera saber cuántas manzanas quedan.

Aunque no vayan entre interrogaciones, el sentido de las oraciones de los ejemplos es interrogativo, razón por la que el determinante es interrogativo y ha de escribirse con tilde.

9.2. Determinante exclamativo

Singular y plural	Singular	Plural	Singular	Plural
masculino y femenino	masculino	masculino	femenino	femenino
qué	cuánto	cuántos	cuánta	cuántas

Este determinante, al igual que el interrogativo, debe escribirse con tilde. Los casos en que se puede usar este determinante son los mismos que los interrogativos, pero en lugar de aparecer en pregunta lo hará en exclamación o con sentido exclamativo.

¡Qué pelo tan largo tienes!
¡Cuánta leche has comprado!
¡Cuánto amor!
¡Cuánta lluvia!

Capítulo XI

Grado comparativo y grado superlativo

1. Grado comparativo y grado superlativo

El adjetivo calificativo admite gradación, esto es, puede expresar una cualidad en distinto grado. Son muchas las ocasiones en que empleamos y emplearemos el comparativo y el superlativo, y no pocas las que casi sin darnos cuenta lo empleamos de manera incorrecta. ¿Quién no ha escuchado, o incluso dicho, alguna vez la formación: es más bueno, es más malo? Casos en los que lo correcto sería: es mejor, es peor. Por esta razón debemos estudiar cómo se forma el grado comparativo y el grado superlativo, a fin de no incurrir en errores como los expuestos, que bien sabe el lector suceden más de lo que nos gustaría admitir.

Empecemos por saber cuáles son los grados que admite el adjetivo:

a) El grado positivo: este grado es en realidad el adjetivo sin gradación alguna, es decir, tal cual es. Ejemplos: *mar azul, nube blanca, niño bueno, mujer mala, hombre listo...*

b) El grado comparativo: grado mediante el que se expresa la comparación entre dos o más sustantivos. Ejemplo: *ella es mayor que Juan.* En el ejemplo se establece una comparación entre ella y Juan mediante el adjetivo en grado comparativo mayor. En casos como éste es habitual encontrar la siguiente incorrección: *ella es más mayor que Juan.* Veremos más adelante dónde está el error en la señalada formación.

c) El grado superlativo: expresa la cualidad en su máximo grado. Ejemplo: *él es mayorcísimo / el más mayor / muy mayor.*

1.1. *El grado comparativo*

Dentro del grado comparativo pueden establecerse distintos grados de comparación, tal y como se ve en la siguiente tabla:

- De igualdad:
  tan... como
  igual... que
  tan listo como él
  igual de listo que él

- De superioridad:
  más... que
  más listo que él
  más hermoso que aquel

- De inferioridad:
  menos... que
  menos listo que él
  menos inteligente que él

1.1.1. *Formación del grado comparativo de igualdad*

Veamos en primer lugar dos ejemplos que ilustran las dos maneras existentes para formar el comparativo de igualdad:

Eres tan listo como él.
Eres tan guapo como él.

Mediante las partículas *tan... como* se establece la comparación de igualdad entre *tú* y *él*, que son los dos términos de comparación en los ejemplos expuestos. El adjetivo queda cuantificado mediante *tan* y el segundo término de la comparación queda introducido por *que*.

Mediante las partículas *igual... que* también se forma la comparación de igualdad.

Eres igual de guapo que él.
Ellos son tan vanidosos como ustedes.
Ustedes sois igual de vanidosos que nosotros.

Rosa es tan alta como Marta.
Benito es igual de rápido que yo.

1.1.2. *Formación del grado comparativo de superioridad*

Mediante las partículas *más... que* se forma la comparación de superioridad.

Eres más guapa que él.

El mecanismo es similar al de igualdad, pues *más* cuantifica al adjetivo que establece la comparación y que introduce el segundo término de la comparación.

Ellos son más bajos que nosotros.
Beatriz y Jacobo son más puntuales que Berta y Rodrigo.
Inés es más atractiva que su hermana.
Julián es más mentiroso que tú.

En lugar de establecerse una igualdad entre dos términos que se comparan, en este caso se establece la superioridad de uno de ellos sobre el otro. Así, veíamos en los ejemplos cómo *Julián es más mentiroso que tú*, es decir, él es superior a ti en una cosa: la mentira (él miente más).

1.1.3. *Formación del grado comparativo de inferioridad*

Al contrario de lo que sucedía en el grado comparativo de superioridad, aquí la comparación establece una inferioridad; uno de los términos es inferior en algo al otro término de la comparación.

El grado comparativo de inferioridad se forma mediante las partículas *menos... que* y el adjetivo que, como ya hemos visto en los apartados anteriores, ocupa el lugar central entre las dos partículas comparativas.

Eres menos guapa que ella.

El mecanismo, por tanto, sigue siendo el mismo que en los dos casos anteriores, pues mediante *menos* se cuantifica al adjetivo que establece la comparación entre dos términos, el primero encabeza la oración y el segundo va introducido por *que*.

Mi prima es menos trabajadora que yo.
Tu padre es menos interesado que el mío.
Ellos son menos locuaces que nosotros.
Nosotros somos menos importantes que ellos.

Hasta aquí, no ofrece problema alguno formar la comparación; no obstante, hay que tener siempre presente que existen adjetivos que ya son comparativos, y que, por lo tanto, no necesitan las partículas mencionadas. Es el caso que veíamos al inicio de este capítulo, de adjetivos como *mayor*, *menor*, *mejor*, *peor*, *inferior*, *superior*. Al no necesitar tales partículas de comparación mediante las que se establece la comparación, por ser ya comparativos en su forma, es incorrecto ponerlas con los adjetivos señalados. Sin embargo, no es tan raro que tanto en la lengua hablada como en la escrita encontremos el error ahora mencionado.

Es, por consiguiente, incorrecto:
*más menor
*menos menor
*tan menor
*más mayor
*menos mayor
*tan mayor
*más mejor
*menos mejor
*tan mejor
*más peor
*menos peor
*tan peor

No debe pues olvidar el lector que los adjetivos *mayor*, *menor*, *superior*, *inferior*, *mejor*, *peor* no admiten gradación; por ello no pueden aparecer con partículas de comparación.

1.1.4. *Errores frecuentes*

Tal y como acabamos de ver hay ciertas construcciones en cuanto al comparativo se refiere que no son correctas, pero que sin embargo son frecuentes. Insistimos pues en las siguientes incorrecciones.

La construcción *más mayor* no debe utilizarse salvo en un caso.

Incorrecto: *Ana es más mayor que Juana.*
Correcto: *Ana es mayor que Juana.*

El adjetivo *mayor* es comparativo, por lo que no necesita *más*.

Incorrecto: *Mi tía es más mayor que tu tía.*
Correcto: *Mi tía es mayor que tu tía.*

Sólo en un caso es correcto emplear más.

Cuando sea más mayor haré lo que quiera.

Si prescindimos de *más* la oración resultante tiene otro significado:

Cuando sea mayor haré lo que quiera.

En el primer caso (*más mayor*) se entiende que la persona que habla no tiene necesariamente que ser pequeña, mientras que en el segundo caso (*mayor*) la persona que habla es necesariamente pequeña.

Podrás salir por la noche cuando seas más mayor.
Tendré un buen coche cuando sea más mayor.

Si prescindimos de *más* el sentido de la oración no es el mismo:

Podrás salir por la noche cuando seas mayor.
Tendré un buen coche cuando sea mayor.

Los adjetivos *mayor, menor, mejor, peor, inferior, superior* son, como ya se ha explicado, adjetivos comparativos y salvo en el caso explicado (*más mayor*) no admiten *más / menos / tan*. Al ser adjetivos comparativos llevan ya implícitas tales partículas comparativas.

Incorrecto: *Juan es más mayor que yo.*
Correcto: *Juan es mayor que yo.*
Incorrecto: *Juan es menos mayor que yo.*
Correcto: *Juan es menor que yo.*
Incorrecto: *Juan es más menor que yo.*
Correcto: *Juan es menor que yo.*
Incorrecto: *Eres más peor que él.*
Correcto: *Eres peor que él.*
Incorrecto: *Eres menos peor que él.*
Correcto: *Eres mejor que él.*
Incorrecto: *Somos más mejores que vosotros.*
Correcto: *Somos mejores que vosotros.*
Incorrecto: *Hemos sido menos mejores que ellos.*
Correcto: *Hemos sido peores que ellos.*

2. El grado superlativo

Mediante el superlativo expresamos una cualidad en su grado máximo o en un grado muy alto.

Juan es altísimo o muy alto.
Beatriz es tontísima o muy tonta.
Ana es la más guapa.

Existen dos tipos de superlativos:

a) Superlativo absoluto
b) Superlativo relativo

El superlativo absoluto se forma mediante muy + adjetivo, o añadiendo -*ísimo*, -*érrimo*.

Él es muy educado.
Él es educadísimo.

Que se añada *-érrimo* o *-ísimo* al adjetivo para formar el adjetivo es algo que depende del adjetivo mismo:

pobre - paupérrimo
célebre - celebérrimo
guapo - guapísimo
bella - bellísima

Existen alternancias, es decir que algunos adjetivos admiten las dos terminaciones *-érrimo*, *-ísimo*:

Cruel: *cruelísimo* y *crudelísimo*
Amigo: *amicísimo* y *amiguísimo*
Fuerte: *fortísimo* y *fuertísimo*
Bueno: *buenísimo* y *bonísimo*

El superlativo relativo se forma así:

Sonia es la más lista.
Pedro es el más atractivo.
Juan es el más inteligente.
Virginia es la más sensata.

De la misma manera que existen adjetivos en grado comparativo que no necesitan partículas comparativas, existen adjetivos que ya son superlativos:

óptimo, pésimo, mínimo, ínfimo, supremo

Esto supone que en estos adjetivos no usaremos partículas ni añadiremos terminaciones de superlativo. Es incorrecto pues: *optimísimo*, *pesimísimo*, etc.

2.1. *Error frecuente: muy + superlativo*

Cuando un adjetivo está ya en grado superlativo, por ejemplo: *guapísimo, buenísimo, riquísimo*..., no admite la anteposición de *muy*.

Incorrecto: *Este pollo está *muy buenísimo.*

Correcto: *Este pollo está buenísimo.*
Incorrecto: *Este chico es *muy guapísimo.*
Correcto: *Este chico es guapísimo.*
Incorrecto: *Mi hijo es *muy buenísimo.*
Correcto: *Mi hijo es buenísimo.*

3. Adjetivos superlativos y adjetivos comparativos

En la siguiente tabla vemos reflejados aquellos adjetivos que no requieren partículas comparativas por poseer formas comparativas y superlativas, así como los adjetivos de los que derivan.

Grado positivo	Grado comparativo	Grado superlativo
bueno	mejor	óptimo
malo	peor	pésimo
pequeño	menor	mínimo
grande	mayor	máximo
bajo	inferior	ínfimo
alto	superior	supremo

El hecho de que estos adjetivos posean formas en grado comparativo y superlativo no significa que en todos los contextos deban aparecer las señaladas en la tabla. En el enunciado *Juan es más alto que Bertín* no podemos decir *Juan es superior a Bertín*, porque no se refiere al grado, sino a la altura. Así sucede en los otros casos, por lo que no debe confundirse el lector al observar la tabla expuesta, y pensar que siempre ha de utilizarse de la forma en que aparece en la tabla, pues dependerá del contexto.

Capítulo XII

Laísmo, loísmo, leísmo

El laísmo, el loísmo y el leísmo afectan a gran número de hispanohablantes, tanto en la lengua hablada como en la escrita. Para poder comprender el error que cometemos, es decir, usar *lo*, *la*, *le* cuando no debemos, es necesario saber qué es complemento directo y qué es complemento indirecto, ya que de ello dependerá el empleo de *lo/la* o *le*. Por esta razón lo primero que abordamos es tal cuestión.

1. Una cuestión indispensable para evitar el laísmo y el loísmo: el complemento directo (C.D.)

El complemento directo sólo puede complementar a verbos transitivos, que son aquellos que exigen un sintagma nominal en función de complemento directo.

Amalia está buscando su lápiz.

El verbo, *está buscando*, necesita el complemento directo, *su lápiz*, de manera obligatoria, no pudiendo prescindir de él, pues el significado de la oración no sería completo:

*Amalia está buscando.

Vemos en el ejemplo que sin el complemento directo, *su lápiz*, la oración pierde su significado; el verbo exige un complemento que complete la oración, y tal complemento es el denominado complemento directo.

Como prueba para saber si el complemento que estamos empleando en una oración como la del ejemplo es realmente un complemento directo se puede sustituir por *lo*, *la*, *los*, *las*. Si tal sustitución es posible, entonces habremos comprobado que efectivamente se trata de un complemento directo. La elección entre *lo(s)*, *la(s)* dependerá de lo que se esté sustituyendo, es decir, del género de la palabra que vaya a sustituir, respetándolo en todos los casos. Si es lápiz, que es masculino y singular, se sustituirá por la que es femenino y singular.

Amalia está buscando su lápiz. - Amalia lo está buscando.
Amalia está buscando sus lápices. - Amalia los está buscando.

Mi madre ha recibido tu regalo. - Mi madre lo ha recibido.
Mi madre ha recibido tus regalos. - Mi madre los ha recibido.

Juan ha comprado el vestido. - Juan lo ha comprado.
Juan ha comprado los vestidos. - Juan los ha comprado.

Si en lugar de ser palabras en género masculino, singular o plural, las palabras que figuran como complemento directo poseen género femenino, singular o plural, la sustitución se realizará por *la* o *las*.

Ellos construyeron esa casa. - Ellos la construyeron.
Ellos construyeron esas casas. - Ellos las construyeron.

Fabián ha comprado la tarta - Fabián la ha comprado.
Fabián ha comprado las tartas. - Fabián las ha comprado.

Ahora bien, hay que especificar que existen excepciones, pues algunos verbos transitivos no precisan obligatoriamente un complemento directo, y pueden aparecer con otros complementos que no son el directo.

Leo mucho.
Como con Amalia.

En las dos oraciones de los ejemplos los verbos son transitivos, sin embargo no van acompañados de un complemento directo sino de otro tipo de complementos (circunstanciales). No es obligatorio pues en los casos señalados, pero como el verbo es transitivo puede llevar complemento directo (aunque no sea obligatorio):

Leo libros de aventura. (Los leo)
Como carne. (La como)

El complemento directo puede ir en algunos casos introducido por la preposición *a*, pero solamente por ésta; en ningún caso podrá ir introducida por otra preposición que no sea la mencionada.

Buscamos a Julio. (Lo buscamos)

Pueden desempeñar la función de complemento directo, además de los pronombres *lo(s)*, *la(s)*, los pronombres *me*, *te*, *se*, *nos*, *os*.

Me miro en el espejo constantemente.
Te vi, sí, lo reconozco.

En estos casos, la sustitución por *lo*, *la*, *los*, *las* no es posible.

2. Una cuestión indispensable para evitar el leísmo: el complemento indirecto (C.I.)

Así como resultaba indispensable saber qué es el complemento directo para evitar el laísmo y el loísmo, resulta necesario conocer el complemento indirecto para evitar el leísmo.

El sintagma nominal que desempeña la función sintáctica de complemento indirecto siempre irá introducido por la preposición *a*; si no hay preposición no hay complemento indirecto.

(1) *Da el regalo a Darío.*
(2) *Hice unas fotos al gato.*
(3) *Compró caramelos a Jaime.*

Mediante el complemento indirecto se designa o señala a la persona, cosa o animal a quien se dirige la acción del verbo. En los ejemplos:

139

(1) El C.I. es *Darío*, pues es a él a quien va dirigida la acción.

(2) El C.I. es *gato*, pues a él va dirigida la acción, es a él a quien hacen las fotos.

(3) El C.I. es *Jaime*, pues a él es a quien le compran caramelos.

Como prueba de reconocimiento se sustituye el C.I. por el pronombre *le*, *les*:

Da el regalo a Darío - Dale el regalo.
Hice unas fotos al gato. - Le hice unas fotos.
Compró caramelos a Jaime - Le compró caramelos.
Vende pinturas a mis primas. - Les vende pinturas.

En determinados enunciados el complemento indirecto se sustituye por *se* en lugar de *le*:

Si en la oración *Dale el regalo a Darío* sustituyo el C.D. (*el regalo*) por *lo*, ya no puedo sustituir el C.I. por *le* pues ocurriría lo siguiente:

*Dálelo.

Por lo tanto en estos casos el C.I. se sustituye por *se*:

Dáselo.

El C.I. puede complementar tanto a verbos transitivos como a verbos intransitivos. Recordemos que los verbos intransitivos eran los que no precisaban C.D. y por tanto nunca pueden llevarlo. Sin embargo, tal y como acabamos de exponer, sí admiten C.I.

3. Me, te, se, nos, os en función de complemento directo y complemento indirecto

Las formas átonas *me*, *te*, *se*, *nos*, *os*, se pueden desempeñar las funciones de complemento directo y de complemento indirecto.

Complemento directo: *me miraron.*

Complemento indirecto: *me dieron la caja.*

Estas formas nunca llevan preposición, lo que es absolutamente incorrecto:

a me miraron
a me dieron la caja

4. Loísmo y laísmo

Las formas átonas *lo* y *la* tienen especial dificultad, pues cuando se emplean mal vienen los problemas de loísmo y laísmo. Las formas *lo* y *la* siempre son complemento directo, tal y como ha quedado explicado al inicio del presente capítulo, por lo que emplearlas cuando no lo son provoca las incorrecciones denominadas loísmo y laísmo.

Ejemplos de *lo*, *la* como complementos directos, es decir, usados correctamente:

Tengo el cuaderno. - Lo tengo.
Tengo la camisa. - La tengo.

Si usáramos *lo*, *la* cuando es complemento indirecto estaríamos cometiendo loísmo (en el caso de ser lo) y laísmo (en el caso de *la*).

Ejemplos de loísmo:
* *Lo doy el chocolate.*
Lo correcto:
Le doy el chocalate.

Ejemplo de laísmo:
* *La doy el chocolate.*
Lo correcto:
Le doy el chocolate.

Resumiendo:
• Se comete loísmo cuando se usa *lo* en lugar de *le*.
• Se comete laísmo cuando se usa *la* en lugar de *le*.

141

5. Leísmo

Las formas átonas *le*, *les* han de ser siempre complemento indirecto.

Di el regalo a Juan.	*Le di el regalo.*
Di la bolsa a María.	*Le di la bolsa.*
Di la bolsa a mis hermanos.	*Les di la bolsa.*

Bien se refiera a él o a ella, la forma del complemento indirecto es siempre *le*; no varía, como variaba en el caso de *lo*, *la*. Esta cuestión es la que lleva en muchos casos a cometer la incorrección, ya que se piensa que si es masculino se dice *le* o *lo* y si es femenino *la*. Ya hemos visto que no depende tanto del género como de la función que realiza en la oración. Lo que hay que saber es si la palabra es complemento directo, en cuyo caso será *lo/la*, o complemento indirecto, en cuyo caso será *le* al margen de su género.

Si sustituimos el complemento directo de los anteriores ejemplos por una forma átona *lo*, *la*, el complemento indirecto *le* no puede seguir siendo *le*:

*Le lo di
*Le la di
*Les la di

En estos casos, tal y como se expuso anteriormente, lo correcto es sustituir la forma *le* por la forma *se*, que evidentemente seguirá realizando la función de complemento indirecto:

Se lo di
Se la di
Se las di

La acentuación en el pronombre interrogativo, en el pronombre exclamativo y en el pronombre demostrativo

1. El pronombre interrogativo

Los pronombres interrogativos son pronombres que aparecen en oraciones interrogativas o en oraciones que no siendo propiamente interrogativas poseen la intencionalidad interrogativa.

> *¿Qué quieres?*
> *Dime qué quieres.*
> *¿Quién llama?*
> *Dime quién llama.*
> *¿Cuál quieres?*
> *Dime cuál quieres.*
> *¿Cuánto cuesta?*
> *Dime cuánto cuesta.*

Puede verse en los ejemplos que algunas oraciones no van entre interrogaciones, pero poseen la intencionalidad interrogativa, es decir que formulan una pregunta aunque carezcan de signos de interrogación. Son, pues, oraciones interrogativas.

1.1. *Tabla de pronombres interrogativos*

Singular		Plural	
Masculino	*Femenino*	*Masculino*	*Femenino*
qué	qué	qué	qué
quién	quién	quiénes	quiénes
cuál	cuál	cuáles	cuáles
cuánto	cuánta	cuántos	cuántas

Estos pronombres siempre llevan tilde. No olvidemos que las oraciones interrogativas pueden llevar, o no, signos de interrogación. Así que habrá que saber si su intención es interrogativa, ya que de serlo el pronombre interrogativo llevará también tilde, pues estaremos, como vimos en el apartado anterior, ante una oración interrogativa.

2. El pronombre exclamativo

Singular		Plural	
Masculino	*Femenino*	*Masculino*	*Femenino*
qué	qué	qué	qué
quién	quién	quiénes	quiénes
cuánto	cuánta	cuántos	cuántas

Al igual que los interrogativos los pronombres exclamativos también llevan tilde siempre.

En lugar de formar parte de una pregunta, éstos lo hacen de una exclamación:

¡Qué haré ahora!
¡Quién pudiera!
¡Cuánto he luchado por ti!
¡Cuántos éramos!

3. El pronombre demostrativo

	Singular			Plural	
Masculino	Femenino	Neutro	Masculino	Femenino
éste	ésta	esto	éstos	éstas
ése	ésa	eso	ésos	ésas
aquél	aquélla	aquello	aquéllos	aquéllas

Una vez vistos los pronombres demostrativos procedamos a la explicación de una cuestión que origina dudas e incorrecciones: la acentuación de estos pronombres.

Los pronombres que aparecen en el cuadro con tilde es porque deben llevarla en caso de que exista posibilidad de confusión con el determinante demostrativo, que tiene la misma forma que el pronombre, pero que se diferencia en que el determinante siempre acompaña a un nombre mientras que el pronombre no.

Ahora bien, es perfectamente correcto poner la tilde siempre que sea pronombre; no obstante, si no hay riesgo de confusión con el determinante demostrativo puede prescindirse de ella.

Cuidado con el neutro singular (*esto*, *eso*, *aquello*), pues nunca lleva tilde, sin importar que sea pronombre o determinante.

Veamos algunos ejemplos de pronombre demostrativo:

Éste no es mi hijo.
Ése es mi hijo.
Aquél es su amigo.

Capítulo XIV

Queísmo y dequeísmo

Dos son las cuestiones que se abordan en este capítulo y las dos tienen que ver con el uso de una misma preposición: *de*. El error se comete o bien porque se usa dicha preposición cuando no se debe usar, o bien porque no se usa cuando debe.

Pienso de que la sentencia del juez es injusta.
Me han informado que tu situación es peligrosa.

En estos ejemplos puede apreciarse el error:

• En el primero de ellos la presencia de la preposición *de* es incorrecta. Lo correcto sería: *Pienso que la sentencia del juez es injusta.*

• En el segundo ejemplo la ausencia de la preposición *de* origina el error, pues lo correcto sería: *Me han informado de que tu situación es peligrosa.*

1. Un 'mal' extendido: el queísmo

El queísmo, tal y como acaba de explicarse en la introducción del presente capítulo, se produce cuando no se usa la preposición *de* en casos en los que debería usarse.

(1) *Me informó que había un examen.*
      Me informó de que había un examen.
(2) *Me alegro que hayas sacado tan buenas notas.*
      Me alegro de que hayas sacado tan buenas notas.
(3) *Estaba segura *que aprobarías el examen.*
      Estaba segura de que aprobarías el examen.
(4) *No me di cuenta *que habías llegado, lo siento.*
      No me di cuenta de que habías llegado, lo siento.
(5) *Pienso *de que puedes sacarle más partido a tu pelo.*

147

Pienso que puedes sacarle más partido a tu pelo.

(6) *Me preguntó *de que cuánto estudiaba al día.*
   Me preguntó que cuánto estudiaba al día.

(7) *Me dijo *de que me fuera.*
   Me dijo que me fuera.

Esta incorrección se produce muchas veces por el miedo al dequeísmo. Se elimina, pues, ante la duda la preposición *de* por temor a cometer el denominado dequeísmo, pero se incurre, tal y como acabamos de ver en una nueva incorrección: el queísmo. No debemos, pues, prescindir de la preposición *de* por sistema ya que en determinados enunciados tal preposición es necesaria para la corrección de la oración que estamos diciendo o escribiendo.

2. Otro 'mal' extendido, aunque no tanto: el dequeísmo

El dequeísmo se produce cuando se usa la preposición de en casos en los que no debería usarse.

(1) **Pienso de que tú tienes razón.*
   Pienso que tú tienes razón.

(2) **Creo de que el examen será mañana.*
   Creo que el examen será mañana.

(3) *Pienso *de que puedes sacarle más partido a tu pelo.*
   Pienso que puedes sacarle más partido a tu pelo.

(4) *Me preguntó *de que cuánto estudiaba al día.*
   Me preguntó que cuánto estudiaba al día.

(5) *Me dijo *de que me fuera.*
   Me dijo que me fuera.

Capítulo XV

El verbo

1. La temida conjugación del verbo regular

Ya sé que a muchas personas les resulta aburrido todo lo referente al verbo, mas si no sabemos conjugar adecuadamente los verbos, difícilmente nos expresaremos, ya sea oralmente ya sea por escrito, de forma correcta. Es por eso una cuestión de máximo interés, y no es que haya unos temas más importantes que otros; no se trata de que establezcamos una jerarquía, pero sí que sepamos que aunque algunos temas de nuestra lengua nos aburran debemos conocerlos. Por esta razón trataré de explicar lo imprescindible (sin detenerme en lo superfluo) del verbo.

2. Formas simples de indicativo

En primer lugar debemos conocer la conjugación del verbo, para lo que resulta inevitable ayudarse de una tabla.

Veamos primero cuáles son las desinencias de la conjugación regular, es decir, las terminaciones que siempre se añaden a la raíz del verbo. En esta tabla están las terminaciones de los tiempos simples del modo indicativo. Recuérdese que son tres los modos del verbo: indicativo, subjuntivo e imperativo.

En la tabla está escrita en su parte superior la conjugación a la que corresponden las desinencias. La 1.ª conjugación es la de los verbos terminados en -ar: *amar, cantar*…; la 2.ª conjugación está compuesta por los verbos que terminan en -er: *beber, temer*..., y la 3.ª conjugación está formada por los verbos cuya terminación es en -ir: *vivir*...

1.ª conj.	2.ª conj.	3.ª conj.	1.ª conj.	2.ª conj.	3.ª conj.
PRESENTE			PRETÉRITO PERFECTO/INDEFINIDO		
-o	-o	-o	-é	-í	-í
-as	-es	-es	-aste	-iste	-iste
-a	-e	-e	-ó	-ió	-ió
-amos	-emos	-imos	-amos	-imos	-imos
-áis	-éis	-ís	-asteis	-isteis	-isteis
-an	-en	-en	-aron	-ieron	-ieron
PRETÉRITO IMPERFECTO			FUTURO IMPERFECTO		
-aba	-ía	-ía	-aré	-eré	-iré
-abas	-ías	-ías	-arás	-erás	-irás
-aba	-ía	-ía	-ará	-erá	-irá
-ábamos	-íamos	-íamos	-aremos	-eremos	-iremos
-abais	-íais	-íais	-aréis	-eréis	-iréis
-aban	-ían	-ían	-arán	-erán	-irán
CONDICIONAL					
-aría	-ería	-iría			
-arías	-erías	-irías			
-aría	-ería	-iría			
-aríamos	-eríamos	-iríamos			
-aríais	-eríais	-iríais			
-arían	-erían	-irían			

Veamos ahora aplicadas las desinencias a los ejemplos que componen las siguientes tablas. Préstese atención porque las terminaciones arriba vistas se unen a la raíz.

1.ª conjugación	2.ª conjugación	3.ª conjugación
amar	beber	vivir

PRESENTE

(yo) am-o	beb-o	viv-o
(tú) am-as	beb-es	viv-es
(él) am-a	beb-e	viv-e
(nosotros) am-amos	beb-emos	viv-imos
(vosotros) am-áis	beb-éis	viv-ís
(ellos) am-an	beb-en	viv-en

PRETÉRITO PERFECTO SIMPLE/INDEFINIDO

(yo) am-é	beb-í	viv-í
(tú) am-aste	beb-iste	viv-iste
(él) am-ó	beb-ió	viv-ió
(nosotros) am-amos	beb-imos	viv-imos
(vosotros) am-asteis	beb-isteis	viv-isteis
(ellos) am-aron	beb-ieron	viv-ieron

PRETÉRITO IMPERFECTO

(yo) am-aba	beb-ía	viv-ía
(tú) am-abas	beb-ías	viv-ías
(él) am-aba	beb-ía	viv-ía
(nosotros) am-ábamos	beb-íamos	viv-íamos
(vosotros) am-abais	beb-íais	viv-íais
(ellos) am-aban	beb-ían	viv-ían

FUTURO

(yo) am-aré	beb-eré	viv-iré
(tú) am-arás	beb-erás	viv-irás
(él) am-ará	beb-erá	viv-irá
(nosotros) am-aremos	beb-eremos	viv-iremos
(vosotros) am-aréis	beb-eréis	viv-iréis
(ellos) am-arán	beb-erán	viv-irán

CONDICIONAL

(yo) am-aría	beb-ería	viv-iría
(tú) am-arías	beb-erías	viv-irías
(él) am-aría	beb-ería	viv-iría
(nosotros) am-aríamos	beb-eríamos	viv-iríamos
(vosotros) am-aríais	beb-eríais	viv-iríais
(ellos) am-arían	beb-erían	viv-irían

Especial atención requiere el pretérito perfecto compuesto por ser el tiempo que peor se emplea en algunas de sus formas, sobre todo oralmente.

El pretérito perfecto simple o indefinido debe conjugarse de la siguiente manera:

PRETÉRITO PERFECTO SIMPLE/INDEFINIDO		
(yo) am-é	beb-í	viv-í
(tú) am-aste	beb-iste	viv-iste
(él) am-ó	beb-ió	viv-ió
(nosotros) am-amos	beb-imos	viv-imos
(vosotros) am-asteis	beb-isteis	viv-isteis
(ellos) am-aron	beb-ieron	viv-ieron

Por esta razón son absolutamente incorrectas las siguientes formas que con frecuencia escuchamos:

tú *oístes
tú *bebistes
tú *vivistes
Lo correcto es:
tú oíste
tú bebiste
tú viviste

3. Formas compuestas de indicativo

Hemos visto en el apartado anterior la conjugación de las formas simples de indicativo. Veamos ahora la conjugación de las formas compuestas (de indicativo).

Como se puede observar a continuación, las formas compuestas se forman con el auxiliar haber conjugado y el verbo en cuestión siempre en participio.

1.ª *conjugación*	2.ª *conjugación*	3.ª *conjugación*

PRETÉRITO PERFECTO COMPUESTO

he amado	he bebido	he vivido
has amado	has bebido	has vivido
ha amado	ha bebido	ha vivido
hemos amado	hemos bebido	hemos vivido
habéis amado	habéis bebido	habéis vivido
han amado	han bebido	han vivido

PRETÉRITO PLUSCUAMPERFECTO

había amado	habían bebido	había vivido
habías amado	habías bebido	habías vivido
había amado	había bebido	había vivido
habíamos amado	habíamos bebido	habíamos vivido
habíais amado	habíais bebido	habíais vivido
habían amado	habían bebido	habían vivido

PRETÉRITO ANTERIOR

hube amado	hube bebido	hube vivido
hubiste amado	hubiste bebido	hubiste vivido
hubo amado	hubo bebido	hubo vivido
hubimos amado	hubimos bebido	hubimos vivido
hubisteis amado	hubisteis bebido	hubisteis vivido
hubieron amado	hubieron bebido	hubieron vivido

FUTURO PERFECTO (COMPUESTO)

habré amado	habré bebido	habré vivido
habrás amado	habrás bebido	habrás vivido
habrá amado	habrá bebido	habrá vivido
habremos amado	habremos bebido	habremos vivido
habréis amado	habréis bebido	habréis vivido
habrán amado	habrán bebido	habrán vivido

CONDICIONAL COMPUESTO

habría amado	habría bebido	habría vivido
habrías amado	habrías bebido	habrías vivido
habría amado	habría bebido	habría vivido
habríamos amado	habríamos bebido	habríamos vivido
habríais amado	habríais bebido	habríais vivido
habrían amado	habrían bebido	habrían vivido

4. Formas simples de subjuntivo

Las desinencias (terminaciones que se unen a la raíz del verbo) de las formas simples del subjuntivo correspondientes a la conjugación regular son las siguientes:

1.ª conj.	2.ª conj.	3.ª conj.	1.ª conj.	2.ª conj.	3.ª conj.
PRESENTE			PRETÉRITO IMPERFECTO		
-e	-a	-a	-ara /-ase	-iera	-iera
-es	-as	-as	-aras/-ases	-ieras	-eras
-e	-a	-a	-ara/-ase	-iera/-iese	-iera/-iese
-emos	-amos	-amos	-áramos/-ásemos	-iéramos/-iésemos	-iéramos/-iésemos
-éis	-áis	-áis	-arais/-aseis	-ierais/-iesen	-ierais/ -ieseis
-en	-an	-an	-aran/-asen	-ieran/-iesen	-ieran /-iesen
FUTURO IMPERFECTO					
-are	-iere	-iere			
-ares	-ieres	-ieres			
-are	-iere	-iere			
-áremos		-iéremos-iéremos			
-areis	-iereis	-iereis			
-aren	-ieren	-ieren			

En la siguiente tabla están conjugados los verbos *amar,* *beber, vivir,* de manera que el lector puede comprobar cómo se unen las desinencias a la raíz de dichos verbos:

1.ª *conjugación*	2.ª *conjugación*	3.ª *conjugación*
PRESENTE		
am-e	beb-a	viv-a
am-es	beb-as	viv-as
am-e	beb-a	viv-a
am-emos	beb-amos	viv-amos
am-éis	beb-áis	viv-áis
am-en	beb-an	viv-an
PRETÉRITO IMPERFECTO (presenta dos formas)		
am-ara/am-ase	beb-iera/beb-iese	viv-iera/viv-iese
am-aras/am-ases	beb-ieras/beb-ieses	viv-ieras/viv-ieses
am-ara/am-ase	beb-iera/beb-iese	viv-iera/viv-iese
am-áramos/am-ásemos	beb-iéramos/beb-iésemos	viv-iéramos/viv-iésemos
am-arais/am-aseis	beb-ierais/beb-ieseis	viv-ierais/viv-eseis
am-aran/am-asen	beb-ieran/beb-iesen	viv-ieran/viv-iesen
FUTURO IMPERFECTO		
am-are	beb-iere	viv-iere
am-ares	beb-ieres	viv-ieres
am-are	beb-iere	viv-iere
am-áremos	beb-iéremos	viv-iéremos
am-areis	beb-iereis	viv-iereis
am-aren	beb-ieren	viv-ieren

5. Formas compuestas de subjuntivo

Las formas compuestas del subjuntivo se forman con el auxiliar haber conjugado + participio.

<table>
<tr><td colspan="3" align="center">PRETÉRITO PERFECTO COMPUESTO</td></tr>
<tr><td>haya amado</td><td>haya bebido</td><td>haya vivido</td></tr>
<tr><td>hayas amado</td><td>hayas bebido</td><td>hayas vivido</td></tr>
<tr><td>haya amado</td><td>haya bebido</td><td>haya vivido</td></tr>
<tr><td>hayamos amado</td><td>hayamos bebido</td><td>hayamos vivido</td></tr>
<tr><td>hayáis amado</td><td>hayáis bebido</td><td>hayáis vivido</td></tr>
<tr><td>hayan amado</td><td>hayáis bebido</td><td>hayáis vivido</td></tr>
<tr><td colspan="3" align="center">PRETÉRITO PLUSCUAMPERFECTO</td></tr>
<tr><td>hubiere/hubiese amado</td><td>hubiere/hubiese bebido</td><td>hubiera/hubiese vivido</td></tr>
<tr><td>hubieras/hubieses amado</td><td>hubieras/hubieses bebido</td><td>hubieras/hubieses vivido</td></tr>
<tr><td>hubiera/hubiese amado</td><td>hubiera/hubiese bebido</td><td>hubiera/hubiese vivido</td></tr>
<tr><td>hubiéramos/hubiésemos amado</td><td>hubiéramos/hubiésemos bebido</td><td>hubiéramos/hubiésemos vivido</td></tr>
<tr><td>hubierais/hubieseis amado</td><td>hubierais/hubieseis bebido</td><td>hubierais/hubieseis vivido</td></tr>
<tr><td>hubieran/hubiesen amado</td><td>hubieran/hubiesen bebido</td><td>hubieran/hubiesen vivido</td></tr>
<tr><td colspan="3" align="center">FUTURO PERFECTO</td></tr>
<tr><td>hubiere amado</td><td>hubiere bebido</td><td>hubiere vivido</td></tr>
<tr><td>hubieres amado</td><td>hubieres bebido</td><td>hubieres vivido</td></tr>
<tr><td>hubiere amado</td><td>hubiere bebido</td><td>hubiere vivido</td></tr>
<tr><td>hubiéremos amado</td><td>hubiéremos bebido</td><td>hubiéremos vivido</td></tr>
<tr><td>hubiereis amado</td><td>hubiereis bebido</td><td>hubiereis vivido</td></tr>
<tr><td>hubieren amado</td><td>hubieren bebido</td><td>hubieren vivido</td></tr>
</table>

6. Imperativo

Las terminaciones propias del modo imperativo son:

1.ª conjugación	2.ª conjugación	3.ª conjugación
-a	-e	-e
-e	-e	-e
-ad	-ed	-id
-en	-an	-an
am-a (tú)	beb-e (tú)	viv-e (tú)
am-e (usted)	beb-a (usted)	viv-a (usted)
am-ad (vosotros)	beb-ed (vosotros)	viv-id (vosotros)
am-en (ustedes)	beb-an (ustedes)	viv-an (ustedes)

7. Formas no personales: infinitivo, participio y gerundio

Las formas no personales del verbo son aquellas que no se conjugan. Son: infinitivo, participio y gerundio.

Infinitivo
amar, beber, vivir...

Infinitivo compuesto
haber amado, haber bebido, haber vivido...

Participio
amado, bebido, vivido...

Gerundio
amando, bebiendo, viviendo...

Gerundio compuesto
habiendo amado, habiendo bebido, habiendo vivido...

Vemos que la terminación del participio es -*do*: *amado, bebido, vivido*; ahora bien, existen otras terminaciones, menos frecuentes, que son las de los considerados participios irregulares. Dichas terminaciones son:

a) -*so*: *impreso...*
b) -*to*: *frito, escrito, visto...*
c) -*cho*: *hecho, dicho...*

Algunos verbos tienen dos participios, como el caso del verbo imprimir: *imprimido, impreso.*

Capítulo XVI

Las irregularidades del verbo

Llamamos verbos irregulares a aquellos que no siguen el modelo de conjugación descrito en el capítulo anterior, que era el modelo de conjugación regular. En los verbos irregulares ocurre algún cambio al conjugarlos que los diferencia de los verbos regulares. Por ejemplo, del verbo contar esperaríamos según la conjugación regular: *yo *conto*, y sin embargo lo correcto es: *yo cuento*. Cuando sucede esto hablamos de verbos irregulares, pues no siguen la conjugación regular.

Las irregularidades de los verbos las ejemplifican muy bien los niños cuando aprenden a hablar, pues todo lo pasan por el patrón regular, de ahí que conjuguen siempre los verbos como si fueran todos regulares y digan, por ejemplo: **yo conto, *me he morido, *he escribido...*

1. Las irregularidades que tantas 'malas pasadas' nos han jugado y nos juegan

Admitámoslo, existen ciertas formas de algunos verbos que omitimos por la inseguridad que nos provoca usarlos. No estamos seguros de que tal verbo se conjugue de tal manera y directamente lo eliminamos, no lo usamos, prescindimos de él. No obstante, ocurre que no debemos prescindir de tal forma verbal, pues enriquece nuestra lengua. Es necesario en muchas ocasiones ese verbo en concreto que estamos obviando en lugar del que usamos para no dudar. Veamos pues cuáles son las irregularidades que pueden darse en el verbo y tratemos de comprenderlas para así facilitar su uso.

La irregularidad puede darse en la raíz, en las terminaciones o en ambas a la vez. El hecho de que siempre se den en los mismos tiempos nos permite establecer lo siguiente:

a) Irregularidades de presente: son las que se producen en el presente de indicativo, presente de subjuntivo e imperativo.

b) Irregularidades de pretérito: son las que se producen en el pretérito perfecto/indefinido, pretérito imperfecto de subjuntivo y futuro imperfecto de subjuntivo.

c) Irregularidades de futuro: son las que se producen en el futuro imperfecto de indicativo y condicional.

Las irregularidades son las siguientes:

- Diptongación:
  - La *e* cambia en *ie*: *pienso, piensas...* (verbo *pensar*, cuya *e* cambia en *ie*).
  - La *i* cambia en *ie*: *adquiero, adquieres...* (verbo *adquirir*, cuya *i* cambia en *ie*).
  - La *o* cambia en *ue*: *vuelvo, vuelves...* (verbo *volver*, cuya *o* cambia en *ue*).
  - La *u* cambia en *ue*: *juego, juegas...*

- Cierre:
  - La *e* se cierra en *i*: *repito, repites...* (verbo *repetir*, cuya *e* cambia en *i*).
  - La *o* se cierra en *u*: *durmamos, durmáis...* (verbo *dormir*, cuya *o* cambia en *u*).
  - La *a* se cierra en *e*: *quepo, quepamos...* (verbo *caber*).

- Cierre y diptongación:
  - La *e* cierra en *i* en algunos tiempos y diptonga en *ie* en otros.
  - Cierra en *i* en el pretérito perfecto de indicativo (*sintió*), en el imperfecto de subjuntivo (*sintiera, sintiese*) y en el futuro de subjuntivo.
  - Diptonga en *ie* en los presentes (*siento, sienta*) y en el imperativo (*siente*).

- Refuerzo:
  - Se interpone *z* entre raíz y terminación: *crezca, crezcas...* (se añade una *z* entre la raíz y la terminación del verbo *crecer*).

160

– Se interpone una *g*: *valgo, valgamos*... (*valer*).
– Se interpone *y*: *huyo, huyas*... (*huir*).

• Sustitución por consonante *y*:
La consonante *y* sustituye a *i*: *creyó*... (verbo *creer*). En lugar de presentar la terminación -*ió* de pretérito perfecto, la -*i* de -*ió* cambia en *y*.

• Verbos con pretérito fuerte:
En el pretérito, algunos verbos presentan ciertas irregularidades. Es el caso, por ejemplo, de *andar*, cuyo pretérito perfecto de indicativo se forma así: *anduviste, anduvo*... Lo esperable según el modelo regular de conjugación era **andé*. Sin embargo, no ha sido así, pues se ha añadido uv: *anduve, anduviste, anduvo*... Esta irregularidad recibe el nombre de pretérito fuerte.

• Supresión de vocal:
Algunos verbos pierden la primera vocal de la terminación en el futuro: *podré, podrás*... (verbo *poder* que pierde la e, pues lo regular sería **poderé*). De estos verbos se dice que tienen futuro sincopado.

• Adición de *y*:
– La terminación propia de primera persona del singular de presente de indicativo es -*o*, pero en algunos casos (dar, ir) se añade a la -*o* una -*y*: *doy, voy*...
– Sucede en el verbo *haber*, sólo que la *y* se añade a la 3.ª persona, pues el verbo *haber* cuando no es auxiliar sólo puede conjugarse en 3.ª persona: *hay*.

• Participio irregular:
– Algunos participios de la 2.ª y 3.ª conjugación en lugar de añadir la terminación -*ido*, añaden la terminación -*to*: *frito, abierto*...
– Otras veces añaden -*so*: *impreso* (*imprimir* tiene dos participios y el otro sí es regular: *imprimido*).
– Y en pocas ocasiones añaden -*cho*: *hecho, dicho*...

161

- Casos especiales:

  No podemos incluir algunas irregularidades en apartados anteriores por ser casos especiales que no se ajustan a los fenómenos de irregularidad descritos. Se dan en verbos como *ser, haber, estar, ir, dar, decir...* Por ser verbos que se usan habitualmente debemos mostrar su conjugación irregular. Lo hacemos en el siguiente apartado donde se muestran ejemplificadas todas las irregularidades que venimos explicando.

2. La conjugación de los «aborrecidos» verbos irregulares

Veamos ahora los verbos que presentan irregularidades en los tiempos que las presentan y cómo es su conjugación. Es decir, llevemos a la práctica lo explicado en el apartado anterior. Para ello es necesario un esquema de todo lo explicado:

Diptongación: *e* en *ie*, *i* en *ie*, *o* en *ue*, *u* en *ue*

Cierre: *e* en i, *o* en *u*, *a* en *e*

Cierre y diptongación: *e* en *i* en unos casos y en *ie* en otros

Refuerzo: interposición de *c, z, g, y* entre la raíz y las terminaciones

Sustitución: sustitución por *y*

Verbos con pretérito fuerte: *andar, caber, conducir, decir, estar, haber, hacer, poder, poner, querer, saber...*

Supresión de vocal: *poder, podré* (supresión de *e*, **poderé*)

Adición de *y*: *doy, voy*

Participio irregular: en *-to, -so, -cho*

Casos especiales: *ser, haber, estar, decir...*

2.1. *La diptongación*

La *e* diptonga en *ie*:

Pensar

La irregularidad se da en los siguientes tiempos verbales (lo que significa que los restantes tiempos verbales siguen la conjugación regular):

- Presente de indicativo: *pienso, piensas, piensa, pensamos, pensáis, piensan.*
- Presente de subjuntivo: *piense, pienses, piense, pensemos, penséis, piensen.*
- Imperativo: *piensa, piense, pensad, piensen.*

Se conjugan como *pensar* (1.ª conjugación) los siguientes verbos de la 1.ª conjugación: *acertar, cerrar, alentar, apretar, arrendar, calentar, cegar, comenzar, empezar, concertar, confesar, despertar, desterrar, enterrar, escarmentar, fregar, gobernar, helar, nevar, manifestar, merendar, negar, quebrar, segar, sembrar, sentar, temblar, tropezar.*

Se conjugan como *pensar* en cuanto a la irregularidad los siguientes verbos de la 2.ª conjugación (las terminaciones varían pero porque eso es algo propio de cada conjugación): *tender, atender, defender, descender, encender, entender, extender.*

Tender (verbo de la 2.ª conjugación con diptongación de *e* en *ie*)

- Presente de indicativo: *tiendo, tiendes, tiende, tendemos, tendéis, tienden.*
- Presente de subjuntivo: *tienda, tiendas, tienda, tendamos, tendáis, tiendan.*
- Imperativo: *tiende, tienda, tended, tiendan.*

(Obsérvese que las irregularidades siempre se dan en los mismos tiempos y en las mismas personas: 1.ª, 2.ª, 3.ª del singular y 3.ª del plural).

La *o* diptonga en *ue*:

Contar

- Presente de indicativo: *cuento, cuentas, cuenta, contamos, contáis, cuentan.*
- Presente de subjuntivo: *cuente, cuentes, cuente, contemos, contéis, cuenten.*
- Imperativo: *cuenta, cuente, contad, cuenten*

Se conjugan como *contar* los siguientes verbos de la 1.ª conjugación: *acordar, almorzar, apostar, aprobar, avergonzar, colar, colgar, consolar, costar, encontrar, forzar, mostrar, poblar, probar, recordar, renovar, rodar, rogar, soltar, sonar, tostar, volar, volcar.*

Se conjugan como *contar* en cuanto a la irregularidad los siguientes verbos de la 2.ª conjugación, lo que implica que la terminación sea diferente pero no por irregularidad sino porque los verbos de 2.ª conjugación presentan distinta terminación:

Volver: la irregularidad se produce al cambiar la *o* por *ue*.
- Presente de indicativo: *vuelvo, vuelves, vuelve, volvemos, volvéis, vuelven.*
- Presente de subjuntivo: *vuelva, vuelvas, vuelva, volvamos, volváis, vuelvan.*
- Imperativo: *vuelve, vuelva, volved, vuelvan.*

(Se conjugan como *volver*: *mover, oler, cocer, doler, morder, resolver, soler, torcer.*)

Error a evitar: **cuezco.*

Lo correcto es: *cuezo.*

La *i* diptonga en *ie*:

Adquirir

- Presente de indicativo: *adquiero, adquieres, adquirimos, adquirís, adquieren.*
- Presente de subjuntivo: *adquiera, adquieras, adquiera, adquiramos, adquiráis, adquieran.*
- Imperativo: *adquiere, adquiera, adquirid, adquieran.*

La *u* diptonga en *ue*:

Jugar
- Presente de indicativo: *juego, juegas, juega, jugamos, jugáis, juegan.*
- Presente de subjuntivo: *juegue, juegues, juegue, juguemos, juguéis, jueguen.*
- Imperativo: *juega, juegue, jugad, jueguen.*

2.2. *Cierre*

La *e* cierra en *i*:

Repetir
- Presente de indicativo: *repito, repites, repite, repetimos, repetís, repiten.*
- Presente de subjuntivo: *repita, repitas, repita, repitamos, repitáis, repitan.*
- Imperativo: *repite, repita, repetid, repitan.*
- Pretérito perfecto de indicativo: *repetí, repetiste, repitió, repetimos, repetisteis, repitieron.*
- Pretérito imperfecto de subjuntivo: *repitiera, repitieras, repitiera, repitiéramos, repitierais, repitieran; repitiese, repitieses, repitiese, repitiésemos, repitieseis, repitiesen.*
- Futuro de subjuntivo: *repitiere, repitieres, repitiere, repitiéremos, repitiereis, repitieren.*
- Gerundio: *repitiendo.*

Se conjugan como repetir: *colegir, competir, concebir, conseguir, desvestir, elegir, gemir, henchir, impedir, investir, medir, pedir, perseguir, proseguir, rendir, revestir, seguir, servir, vestir.*

Freír
- Presente de indicativo: *frío, fríes, fríe, freímos, freís, fríen.*
- Presente de subjuntivo: *fría, frías, fría, friamos, friáis, frían.*
- Pretérito perfecto de indicativo: *freí, freíste, frió, freímos, freísteis, frieron.*

- Pretérito imperfecto subjuntivo: *friera, frieras, friera, friéramos, frierais, frieran; friese, frieses, friese, friésemos, frieseis, friesen.*
- Futuro de subjuntivo: *friere, frieres, friere, friéremos, friereis, frieren.*
- Imperativo: *fríe, fría, freíd, frían.*
- Gerundio: *friendo.*

(Se conjuga como *freír: reír.*)

2.3. *Cierre y diptongación*

La *e* cierra en *i* en algunos casos y diptonga en ie en otros:

Sentir

- Presente de indicativo: *siento, sientes, siente, sentimos, sentís, sienten.*
- Presente de subjuntivo: *sienta, sientas, sienta, sintamos, sintáis, sientan.*
- Pretérito perfecto de indicativo: *sentí, sentiste, sintió, sentimos, sentisteis, sintieron.*
- Pretérito imperfecto de subjuntivo: *sintiera, sintieras, sintiera, sintiéramos, sintierais, sintieran; sintiese, sintieses, sintiese, sintiésemos, sintieseis, sintiesen.*
- Futuro de subjuntivo: *sintiere, sintieres, sintiere, sintiéremos, sintiereis, sintieren.*
- Imperativo: *siente, sienta, sentid, sientan.*

Como acabamos de ver, la *e*:

– Cierra en i en el pretérito perfecto de indicativo, en el imperfecto de subjuntivo y en el futuro de subjuntivo.

– Diptonga en ie en los presentes y en el imperativo.

Se conjugan como *sentir: adherir, advertir, convertir, desmentir, divertir, invertir, pervertir, preferir, referir, transferir, herir, mentir.*

La *o* diptonga en *ue* o se cierra en *u*:

Morir

- Presente de indicativo: *muero, mueres, muere, morimos, morís, mueren.*
- Presente de subjuntivo: *muera, mueras, muera, muramos, muráis, mueran.*
- Pretérito perfecto de indicativo: *morí, moriste, murió, morimos, moristeis, murieron.*
- Pretérito imperfecto de subjuntivo: *muriera, murieras, muriera, muriéramos, murierais, murieran; muriese, murieses, muriese, muriésemos, murieseis, muriesen.*
- Futuro de subjuntivo: *muriere, murieres, muriere, muriéremos, muriereis, murieren.*
- Imperativo: *muere, muera, morid, mueran.*

Se conjuga como *morir*: *dormir*.

2.4. *Refuerzo*

Se interpone una *z*.

Aborrecer: todos los verbos terminados en *-ecer* (*agradecer, padecer, parecer*...) presentan la mismas irregularidad que *aborrecer*, consistente en la interposición de una *z*: *aborrezco, agradezco, parezco, padezco*.

- Presente de indicativo: *aborrezco, aborreces, aborrece, aborrecemos, aborrecéis, aborrecen.*
- Presente de subjuntivo: *aborrezca, aborrezcas, aborrezca, aborrezcamos, aborrezcáis, aborrezcan.*
- Imperativo: *aborrece, aborrezca, aborreced, aborrezcan.*

Se conjugan como *aborrecer*, además de todos los terminados en *-ecer*: *complacer, conocer, desconocer, deslucir, lucir, nacer, pacer, reconocer, renacer.*

Se interpone *z* o *g*

El verbo *yacer* merece conjugación aparte por presentar alternancia:

Yacer
- Presente de indicativo: *yazco/yazgo/yago, yaces, yace, yacemos, yacéis, yacen.*
- Presente de subjuntivo: *yazca/yazga/yaga; yazcas, yazgas, yagas; yazca, yazga, yaga; yazcamos, yazgamos, yagamos; yazcáis, yazgáis, yagáis; yazcan, yazgan, yagan.*

Se interpone *z* o *j*

Conducir y todos los verbos terminados en *-ducir* (*aducir, deducir, introducir...*) presentan, además de la interposición de *z*, la de *j* en otros tiempos. Es decir que en unos se interpone *z* y en otros aparece *j* y se suprime la *c*.
- Presente de indicativo: *conduzco, conduces, conduce, conducimos, conducís, conducen.*
- Pretérito perfecto de indicativo: *conduje, condujiste, condujo, condujimos, condujisteis, condujeron.*
- Presente de subjuntivo: *conduzca, conduzcas, conduzca, conduzcamos, conduzcáis, conduzcan.*
- Pretérito imperfecto de subjuntivo: *condujera/condujese, condujeras/condujeses, condujera/condujese, condujéramos/ condujésemos, condujerais/condujeseis, condujeran/condujesen.*
- Fututo de subjuntivo: *condujere, condujeres, condujere, condujéremos, condujereis, condujeren.*

Se interpone *g*

Valer
- Presente de indicativo: *valgo, vales, vale, valemos, valéis, valen.*
- Presente de subjuntivo: *valga, valgas, valga, valgamos, valgáis, valgan.*
- Imperativo: *vale, valga, valed, valgan.*

Se interpone una *g* en estos otros verbos también: *sobresalir, salir, tener, atener, contener, detener, entretener, mantener, obtener, retener, sostener, poner* (y todos los que contengan *poner*, como *posponer*), *venir* (y todos los que contengan *venir*, como, por ejemplo, *sobrevenir*).

Se interpone *y*

Huir
- Presente de indicativo: *huyo, huyes, huye, huimos, huís, huyen.*
- Presente de subjuntivo: *huya, huyas, huya, huyamos, huyáis, huyan.*
- Imperativo: *huye, huya, huid, huyan.*

Sucede lo mismo en los verbos terminados en *-uir* (*diluir, obstruir*...).

2.5. *Sustitución por y*

Sucede en los pretéritos de los verbos acabados en *-uir* y en *-eer*:

Huir
- Pretérito perfecto de indicativo: *huí, huiste, huyó, huimos, huisteis, huyeron.*
- Pretérito imperfecto de subjuntivo: *huyera, huyeras, huyera, huyéramos, huyerais, huyeran; huyese, huyeses, huyese, huyésemos, huyeseis, huyesen.*
- Futuro de subjuntivo: *huyere, huyeres, huyere, huyéremos, huyereis, huyeren.*
- Gerundio: *huyendo.*

Como *huir*, además de los verbos terminados en *-uir*, se conjuga *oír*.

Creer
- Pretérito perfecto de indicativo: *creí, creíste, creyó, creímos, creísteis, creyeron.*
- Pretérito imperfecto de subjuntivo: *creyera, creyeras, creyera, creyéramos, creyerais, creyeran; creyese, creyeses, creyese, creyésemos, creyeseis, creyesen.*

- Futuro de subjuntivo: *creyere, creyeres, creyere, creyéremos, creyereis, creyeren.*
- Gerundio: creyendo.

Además de los verbos terminados en *-eer* se conjuga como *creer* el verbo *caer*.

2.6. *Verbos con pretérito fuerte*

Andar
- Pretérito perfecto de indicativo: *anduve, anduviste, anduvo, anduvimos, anduvisteis, anduvieron.*
- Pretérito imperfecto de subjuntivo: *anduviera, anduvieras, anduviera, anduviéramos, anduvierais, anduvieran; anduviese, anduvieses, anduviese, anduviésemos, anduvieseis, anduviesen.*
- Futuro de subjuntivo: *anduviere, anduvieres, anduviere, anduviéremos, anduviereis, anduvieren.*

Caber
- Pretérito perfecto de indicativo: *cupe, cupiste, cupo, cupimos, cupisteis, cupieron.*
- Pretérito imperfecto de subjuntivo: *cupiera, cupieras, cupiera, cupiéramos, cupierais, cupieran; cupiese, cupieses, cupiese, cupiésemos, cupieseis, cupiesen.*
- Futuro de subjuntivo: *cupiere, cupieres, cupiere, cupiéremos, cupiereis, cupieren.*

Estar
- Pretérito perfecto de indicativo: *estuve, estuviste, estuvo, estuvimos, estuvisteis, estuvieron.*
- Pretérito imperfecto de subjuntivo: *estuviera, estuvieras, estuviera, estuviéramos, estuvierais, estuvieran; estuviese, estuvieses, estuviese, estuviésemos, estuvieseis, estuviesen.*
- Futuro de subjuntivo: *estuviere, estuvieres, estuviere, estuviéremos, estuviereis, estuvieren.*

Conducir

- Pretérito perfecto de indicativo: *conduje, condujiste, condujo, condujimos, condujisteis, condujeron.*
- Pretérito imperfecto de subjuntivo: *condujera, condujeras, condujera, condujéramos, condujerais, condujeran; condujese, codujeses, condujese, condujésemos, condujeseis, condujesen.*
- Futuro de subjuntivo: *condujere, condujeres, condujere, condujéremos, condujereis, condujeren.*

Decir

- Pretérito perfecto de indicativo: *dije, dijiste, dijo, dijimos, dijisteis, dijeron.*
- Pretérito imperfecto de subjuntivo: *dijera, dijeras, dijera, dijéramos, dijerais, dijeran; dijese, dijeses, dijese, dijésemos, dijeseis, dijesen.*
- Futuro de indicativo: *dijere, dijeres, dijere, dijéremos, dijereis, dijeren.*

Haber

- Pretérito perfecto de indicativo: *hube, hubiste, hubo, hubimos, hubisteis, hubieron.*
- Pretérito imperfecto de subjuntivo: *hubiera, hubieras, hubiera, hubiéramos, hubierais, hubieran; hubiese, hubieses, hubiese, hubiésemos, hubieseis, hubiesen.*
- Futuro de subjuntivo: *hubiere, hubieres, hubiere, hubiéremos, hubiereis, hubieren.*

Hacer

- Pretérito perfecto de indicativo: *hice, hiciste, hizo, hicimos, hicisteis, hicieron.*
- Pretérito imperfecto de subjuntivo: *hiciera, hicieras, hiciera, hiciéramos, hicierais, hicieran; hiciese, hicieses, hiciese, hiciésemos, hicieseis, hiciesen.*
- Futuro de subjuntivo: *hiciere, hicieres, hiciere, hiciéremos, hiciereis, hicieren.*

Poder

- Pretérito perfecto de indicativo: *pude, pudiste, pudo, pudimos, pudisteis, pudieron.*
- Pretérito imperfecto de subjuntivo: *pudiera, pudieras, pudiera, pudiéramos, pudierais, pudieran; pudiese, pudieses, pudiese, pudiésemos, pudieseis, pudiesen.*
- Futuro de subjuntivo: *pudiere, pudieres, pudiere, pudiéremos, pudiereis, pudieren.*

Poner

- Pretérito perfecto de indicativo: *puse, pusiste, puso, pusimos, pusisteis, pusieron.*
- Pretérito imperfecto de subjuntivo: *pusiera, pusieras, pusiera, pusiéramos, pusierais, pusieran; pusiese, pusieses, pusiese, pusiésemos, pusieseis, pusiesen.*
- Futuro de subjuntivo: *pusiere, pusieres, pusiere, pusiéremos, pusiereis, pusieren.*

Querer

- Pretérito perfecto de indicativo: *quise, quisiste, quiso, quisimos, quisisteis, quisieron.*
- Pretérito imperfecto de subjuntivo: *quisiera, quisieras, quisiera, quisiéramos, quisierais, quisieran; quisiese, quisieses, quisiese, quisiésemos, quisieseis, quisiesen.*
- Futuro de subjuntivo: *quisiere, quisieres, quisiere, quisiéremos, quisiereis, quisieren.*

Saber

- Pretérito perfecto de indicativo: *supe, supiste, supo, supimos, supisteis, supieron.*
- Pretérito imperfecto de subjuntivo: *supiera, supieras, supiera, supiéramos, supierais, supieran; supiese, supieses, supiese, supiésemos, supieseis, supiesen.*
- Futuro de subjuntivo: *supiere, supieres, supiere, supiéremos, supiereis, supieren.*

Tener

- Pretérito perfecto de indicativo: *tuve, tuviste, tuvo, tuvimos, tuvisteis, tuvieron.*

- Pretérito imperfecto de subjuntivo: *tuviera, tuvieras, tuviera, tuviéramos, tuvierais, tuvieran; tuviese, tuvieses, tuviese, tuviésemos, tuvieseis, tuviesen.*
- Futuro de subjuntivo: *tuviere, tuvieres, tuviere, tuviéremos, tuviereis, tuvieren.*

2.7. Supresión de vocal / futuro sincopado

Venir
- Futuro de indicativo: *vendré, vendrás, vendrá, vendremos, vendréis, vendrán.*
- Condicional: *vendría, vendrías, vendría, vendríamos, vendríais, vendrían.*

Se conjugan así los siguientes verbos: *poner, salir, tener, valer.*

Poder
- Futuro de indicativo: *podré, podrás, podrá, podremos, podréis, podrán.*
- Condicional: *podría, podrías, podría, podríamos, podríais, podrían.*

Verbos que presentan esta misma irregularidad (futuro sincopado): *caber, haber, querer, saber, poner, salir, tener, valer.*

2.8. Adición de y

Dar: *doy*
Ir: *voy*
Estar: *estoy*
Haber: *hay*
Ser: *soy*

2.9. Participio irregular

En -*to*
Abrir: *abierto.*

Anteponer: *antepuesto*.
Componer: *compuesto*.
Circunscribir: *circunscrito*.
Cubrir: *cubierto*.
Describir: *descrito*.
Descubrir: *descubierto*.
Devolver: *devuelto*.
Disolver: *disuelto*.
Escribir: *escrito*.
Freír: *frito*.
Inscribir: *inscrito*.
Morir: *muerto*.
Poner: *puesto*.
Recubrir: *recubierto*.
Resolver: *resuelto*.
Revolver: *revuelto*.
Romper: *roto*.
Suscribir: *suscrito*.
Ver: *visto*.
Volver: *vuelto*.

En -*so*
Imprimir: *impreso* (también puede emplearse *imprimido*)

En -*cho*
Decir: *dicho*
Hacer: *hecho*
Satisfacer: *satisfecho*

2.10. *Casos especiales*

Caer
- Presente de indicativo: *caigo, caes, cae, caemos, caéis, caen*.
- Presente de subjuntivo: *caiga, caigas, caiga, caigamos, caigáis, caigan*.
- Imperativo: *cae, caiga, caed, caigan*.

- Pretérito perfecto de indicativo: *caí, caíste, cayó, caímos, caísteis, cayeron.*
- Pretérito imperfecto de subjuntivo: *cayera, cayeras, cayera, cayéramos, cayerais, cayeran; cayese, cayeses, cayese, cayésemos, cayeseis, cayesen.*
- Futuro de subjuntivo: *cayere, cayeres, cayere, cayéremos, cayereis, cayeren.*
- Gerundio: *cayendo.*

Se conjugan como este verbo: *recaer, decaer.*

Caber

- Presente de indicativo: *quepo, cabes, cabe, cabemos, cabéis, caben.*
- Presente de subjuntivo: *quepa, quepas, quepa, quepamos, quepáis, quepan.*
- Imperativo: *cabe, quepa, cabed, quepan.*
- Pretérito perfecto de indicativo: *cupe, cupiste, cupo, cupimos, cupisteis, cupieron.*
- Pretérito imperfecto de subjuntivo: *cupiera, cupieras, cupiera, cupiéramos, cupierais, cupieran; cupiese, cupieses, cupiese, cupiésemos, cupieseis, cupiesen.*
- Futuro de subjuntivo: *cupiere, cupieres, cupiere, cupiéremos, cupiereis, cupieren.*
- Futuro de indicativo: *cabré, cabrás, cabrá, cabremos, cabréis, cabrán.*

Dar

- Presente de indicativo: *doy, das, da, damos, dais, dan.*
- Presente de subjuntivo: *dé, des, dé, demos, deis, den.*
- Imperativo: *da, dé, dad, den.*
- Pretérito perfecto de indicativo: *di, diste, dio, dimos, disteis, dieron.*
- Pretérito imperfecto de subjuntivo: *diera, dieras, diera, diéramos, dierais, dieran; diese, dieses, diese, diésemos, dieseis, diesen.*
- Futuro de subjuntivo: *diere, dieres, diere, diéremos, diereis, dieren.*

Decir

- Presente de indicativo: *digo, dices, dice, decimos, decís, dicen.*
- Presente de subjuntivo: *diga, digas, diga, digamos, digáis, digan.*
- Imperativo: *di, diga, decid, digan.*
- Pretérito perfecto de indicativo: *dije, dijiste, dijo, dijimos, dijisteis, dijeron.*
- Pretérito imperfecto de subjuntivo: *dijera, dijeras, dijera...* (ver apartado pretérito fuerte en este mismo capítulo).
- Futuro de subjuntivo: *dijere, dijeres...* (ver pretérito fuerte).
- Futuro de indicativo: *diré, dirás, dirá, diremos, diréis, dirán.*
- Condicional: *diría, dirías, diría, diríamos, diríais, dirían.*
- Gerundio: *diciendo.*
- Participio: *dicho.*

Errar

- Presente de indicativo: *yerro, yerras, yerra, erramos, erráis, yerran.*
- Presente de subjuntivo: *yerre, yerres, yerre, erremos, erréis, yerren.*
- Imperativo: *yerra, yerre, errad, yerren.*

Erguir

- Presente de indicativo: *yergo, yergues, yergue, erguimos, erguís, yerguen.*
- Presente de subjuntivo: *yerga, yergas, yerga, irgamos, irgáis, yergan.*
- Imperativo: *yergue, yerga, erguid, yergan.*
- Pretérito perfecto de indicativo: *erguí, erguiste, irguió, erguimos, erguisteis, irguieron.*
- Pretérito imperfecto de subjuntivo: *irguiera, irguieras, irguiera, irguiéramos, irguierais, irguieran; irguiese, irguieses, irguiese, irguiésemos, irguieseis, irguiesen.*

- Futuro de subjuntivo: *irguiere, irguieres, irguiere...*
- Gerundio: *irguiendo*.

Haber

- Presente de indicativo: *he, has, ha, hemos, habéis, han.*
- Presente de subjuntivo: *haya, hayas, haya, hayamos, hayáis, hayan.*
- Pretérito perfecto de indicativo: *hube, hubiste, hubimos, hubisteis, hubieron.*
- Pretérito imperfecto de subjuntivo: *hubiera, hubieras, hubiera, hubiéramos, hubierais, hubieran; hubiese, hubieses, hubiese, hubiésemos, hubieseis, hubiesen.*
- Futuro de subjuntivo: *hubiere, hubieres, hubiere, hubiéremos, hubiereis, hubieren.*
- Futuro de indicativo: *habré, habrás, habrá, habremos, habréis, habrán.*
- Condicional: *habría, habrías, habríamos, habríais, habrían.*

Ir

- Presente de indicativo: *voy, vas...* (ver apartado adición de *y*).
- Presente de subjuntivo: *vaya, vayas, vaya, vayamos, vayáis, vayan.*
- Imperativo: *ve, vaya, id, vayan.*
- Pretérito imperfecto: *iba, ibas, iba, íbamos, ibais, iban.*
- Pretérito perfecto de indicativo: *fui, fuiste, fue, fuimos, fuisteis, fueron.*
- Pretérito imperfecto de subjuntivo: *fuera, fueras, fuera, fuéramos, fuerais, fueran; fuese, fueses, fuese, fuésemos, fueseis, fuesen.*
- Futuro de subjuntivo: *fuere, fueres, fuere, fuéremos, fuereis, fueren.*
- Gerundio: *yendo*.

Oír

- Presente de indicativo: *oigo, oyes, oye, oímos, oís, oyen.*

- Presente de subjuntivo: *oiga, oigas, oiga, oigamos, oigáis, oigan.*
- Imperativo: *oye, oiga, oíd, oigan.*
- Pretérito perfecto de indicativo: oí, oíste, oyó (ver sustitución por *y*).
- Pretérito imperfecto de subjuntivo: *oyera, oyese...* (ver sustitución por *y*).
- Futuro de subjuntivo: *oyere, oyeres...* (ver sustitución por *y*).
- Gerundio: *oyendo.*

Saber

- Presente de indicativo: *sé, sabes, sabe, sabemos, sabéis, saben.*
- Presente de subjuntivo: *sepa, sepas, sepa, sepamos, sepáis, sepan.*
- Imperativo: *sabe, sepa, sabed, sepan.*
- Pretérito perfecto de indicativo: *supe, supiste...* (ver verbos con pretérito fuerte).
- Pretérito imperfecto de subjuntivo: *supiera...* (ver verbos con pretérito fuerte).
- Futuro de subjuntivo: *supiere, supieres...* (ver verbos con pretérito fuerte).
- Futuro de indicativo: *sabré, sabrás, sabrá, sabremos, sabréis, sabrán.*
- Condicional: *sabría, sabrías, sabría, sabríamos, sabríais, sabrían.*

El futuro de indicativo y el condicional sufren la irregularidad ya explicada en verbos con futuro sincopado.

Ser

- Presente de indicativo: *soy, eres, es, somos, sois, son.*
- Presente de subjuntivo: *sea, seas, sea, seamos, seáis, sean.*
- Imperativo: *sé, sea, sed, sean.*
- Pretérito imperfecto de indicativo: *era, eras, era, éramos, erais, eran.*

- Pretérito perfecto de indicativo: *fui, fuiste, fue, fuimos, fuisteis, fueron.*
- Pretérito imperfecto de subjuntivo: *fuera, fueras, fuera, fuéramos, fuerais, fueran; fuese, fueses, fuese, fuésemos, fueseis, fuesen.*
- Futuro de subjuntivo: *fuere, fueres, fuere, fuéremos, fuereis, fueren.*

Traer

- Presente de indicativo: *traigo, traes, trae, traemos, traéis, traen.*
- Presente de subjuntivo: *traiga, traigas, traiga, traigamos, traigáis, traigan.*
- Pretérito perfecto de indicativo: *traje, trajiste, trajo, trajimos, trajisteis, trajeron.*
- Pretérito imperfecto de subjuntivo: *trajera, trajeras, trajera, trajéramos, trajerais, trajeran; trajese, trajeses, trajese, trajésemos, trajeseis, trajesen.*
- Futuro de subjuntivo: *trajere, trajeres, trajere, trajéremos, trajereis, trajeren.*

Como *traer* se conjugan: *abstraer, atraer, contraer, distraer, extraer, retraer, retrotraer, sustraer.*

Capítulo XVII

La oración. Concordancia entre sujeto y predicado

1. La oración

Es necesario en primer lugar conocer la oración y su estructura, antes de adentrarnos en el sujeto y el predicado y su obligada concordancia.

1.1. *Características de la oración*

Está formada por un conjunto de palabras y tiene significado completo.

La niña es guapa.
Tengo dos manzanas.
Vivo en Madrid.

Es autónoma, es decir, no necesita otros elementos.

Está estructurada. Debe llevar obligatoriamente determinados elementos que responden a un orden.

Su constitución exige habitualmente un sujeto y un predicado, aunque como ya se verá hay excepciones y el sujeto no siempre es posible (oraciones impersonales), así como el verbo puede no estar expreso.

La oración puede ser:

a) Simple: cuando tiene solo un verbo. Ejemplo: *quiero pan.*

b) Compleja o compuesta: cuando tiene más de un verbo. Ejemplo: *iré cuando tú vengas.*

2. Clases de oraciones según su significado

Según el significado de la oración se puede hablar de las siguientes modalidades oracionales:

• Enunciativas: informan objetivamente de algo.

El tiempo que se espera para mañana es malo.
Son las cinco y cuarto de la tarde.
Ana es rubia.
Viene Beatriz a clase.
Esos pantalones son negros.

• Interrogativas: hacen una pregunta de manera directa o indirecta.

De forma directa: *¿Cuándo viene Antonio?*
De forma indirecta se hace la pregunta sin interrogación:
Dime cuándo va a venir Antonio.
Se las conoce con el nombre de interrogativas directas e interrogativas indirectas.
¿Tienes hambre?: interrogativa directa.
Preguntó qué tiempo hacía en Galicia: interrogativa indirecta.
¿Cuándo llega Nacho?: interrogativa directa.
Me ha preguntado la hora: interrogativa indirecta.

• Exclamativas: van entre exclamaciones.

¡Qué mala suerte hemos tenido!
¡Qué desgraciada soy, Dios mío!
¡Qué vida tan terrible llevan!
¡Qué felicidad me invade!

• Imperativas (o exhortativas): formulan un mandato.

Ven aquí inmediatamente.
Haz los deberes.
No fumes.
Prohibido salir esta tarde.
Cállate.

• Desiderativas (optativas): expresan deseo.

¡Ojalá vengas pronto!

¡Que tengas mucha suerte!

Te deseo lo mejor.

• Dubitativas: expresan duda o posibilidad.

A lo mejor viene Juan.

Puede que hoy nieve.

Quizá mañana estés mejor.

Tal vez no vuelva nunca.

3. Componentes de la oración

Los componentes mínimos e imprescindibles de la oración son: sujeto y predicado. Esto siempre es así salvo en algunos casos en que no hay sujeto, es decir, cuando la oración sea impersonal.

3.1. *El sujeto*

El sujeto ha de constar de un sintagma nominal, esto es: un nombre o pronombre o palabra que realice función de nombre. Ejemplos: *la niña, el hombre, yo, él, ella, Jacobo, Madrid, lo caro, la casa, el perro, el hospital, la ciudad, los leones...*

El sujeto ha de concordar obligatoriamente con el verbo en número y persona:

Tu hermana ha traído pan.

El sujeto *tu hermana* concuerda con el verbo *ha traído* en persona: tercera; y en número: singular. Si la persona no fuera la misma ocurriría, por ejemplo, esto:

* La niña no has traído pan.

La incorrección estriba en que el sujeto está en tercera persona y es singular, mientras que el verbo es segunda persona del singular, por lo que su sujeto debería estar en segunda persona y no en tercera:

Tú no has traído pan
La concordancia entre el sujeto y el verbo es imprescindible. El sujeto puede ir delante o detrás del verbo:

(1) *La niña es lista.*
(2) *Lo hizo Juan.*

En el caso (1) el sujeto va delante del verbo.
En el caso (2) el sujeto va detrás del verbo.
El sujeto puede ser:
• Persona: *la niña salta.*
• Cosa: *la mesa es bonita.*
• Animal: *mi perro se llama Pedro.*
• Realidad no material: *la bondad es necesaria en este mundo.*

Y el sujeto, sea persona, animal o cosa, puede:
– Realizar la acción del verbo: *la niña salta* (es la niña quien realiza la acción de saltar, es ella quien salta). Sujeto agente.
– Padecer la acción del verbo: *la niña ha sido enviada a Roma* (la niña no realiza la acción del verbo, no es ella quien envía a alguien a Roma, sino que es a ella a quien envían allí, por lo tanto padece la acción del verbo, no la realiza). Sujeto paciente.
– Experimentar la acción del verbo: *la niña está enferma* (la niña no realiza ninguna acción, sin embargo experimenta la acción del verbo, pues ella es quien tiene la enfermedad y ella es quien la padece). Experimentador.

El sujeto puede omitirse cuando es conocido por hablante y oyente:

¿Ha dicho que vendrá?

En el ejemplo, el hablante se refiere a una persona conocida por hablante y oyente, por lo que no necesita decir él o su nombre. Ambos saben de quién están hablando, se sobreentiende pues, y el sujeto se omite.

¿Comeremos carne?

El sujeto es evidente: nosotros, por lo que no requiere expresarse.

Iré al cine

Con el verbo *iré* es suficiente en este caso para saber que soy yo el sujeto.

En estos casos en los que el sujeto se sobreentiende y por tanto se omite, se dice: sujeto omitido o sujeto elíptico.

3.1.1. *La concordancia (sujeto y verbo)*

El sujeto ha de concordar obligatoriamente con el verbo. Sin embargo esto plantea ciertas dudas a las que debemos dar respuesta.

Si el sujeto está formado por dos o más componentes (personas, animales o cosas) enlazados por conjunciones o nexos, el verbo ha de ir en plural:

Juan, Ana y Pedro están aquí.
Ni él ni ella han venido.
El perro y el gato son míos.
El coche, el lavaplatos, el aspirador y el reloj de pared son de tu mujer.

Si los formantes del sujeto son dos o más pero son pronombres neutros, el verbo estará en singular:

Me gusta eso y esto y aquello.

El sujeto está formado por tres componentes: *esto, eso, aquello*, pero como son pronombres neutros el verbo está en singular: *me gusta*. Es incorrecto: **me gustan eso y esto y aquello*.

Cuando el sujeto está formado por dos o más componentes de distintas personas: tú y yo, ella y nosotros, ellos y tú... ocurre lo siguiente:

Si uno de los formantes del sujeto es el pronombre personal de primera persona (yo) el verbo irá en primera persona del plural:

Tú y yo iremos al campo.
Ella y yo iremos al campo.
Vosotros y yo iremos al campo.
Ellos y yo iremos al campo.

Si uno de los componentes del sujeto es pronombre personal de segunda persona tú el verbo necesariamente irá en segunda persona del plural, siempre y cuando no haya otro formante que sea yo (en cuyo caso el verbo estaría en primera persona del plural):

Ella y tú iréis al campo.

3.2. *Oraciones sin sujeto. Oraciones impersonales*

Son oraciones impersonales aquellas que carecen de sujeto. Es decir, no es que no aparezca el sujeto como en el caso de las oraciones con sujeto elíptico u omitido porque se sobreentienda al ser conocido por hablante y oyente, es que las oraciones impersonales carecen absolutamente de sujeto.

Son impersonales las oraciones que expresan algún fenómeno meteorológico.

Nieva poco en Madrid.
¿Llovió mucho en Lugo?
Está granizando ahora mismo.

Son impersonales también estas construcciones con el verbo haber.

Había muchos enfermos en el hospital.

En principio puede parecer que el sujeto es *muchos enfermos*, mas no existe la obligada concordancia entre sujeto y verbo, pues el verbo está en singular y el sujeto en plural, lo que significa que no puede ser *muchos enfermos* el sujeto. En realidad nada puede serlo, porque este verbo siempre es impersonal (salvo cuando es auxiliar).

Son impersonales también ciertas oraciones con la partícula *se*:

Se está bien aquí.
Si se es pobre no se tienen problemas ridículos.
Se recibió a los embajadores.

En ninguno de los tres casos hay posibilidad de sujeto, y no la hay porque al aparecer *se* ya no se puede hablar de una persona, animal o cosa que pueda realizar la acción.

Así, en *Se recibió a los embajadores* al estar *se* ya no se puede decir, por ejemplo, *El rey recibió a los embajadores*. Si omitimos ese *se*, la oración deja de ser impersonal: *Recibió a los embajadores*.

Las oraciones con *haber que* + infinitivo son también impersonales:

Hay que trabajar más.
Habrá que quedarse aquí.
¿Había que limpiar la sala?
Habrá que arreglar los desperfectos ocasionados.

Con el verbo se trata también se originan oraciones impersonales:

Se trata de un alumno nuevo.
Se trata de él.

4. El predicado

El predicado es lo que se dice del sujeto, salvo en las oraciones impersonales en las que al carecer de sujeto nada puede decirse del mismo.

Federico es listo.

El predicado es *listo* y se refiere al sujeto *Federico*. Dice algo de él, de Federico.

El predicado tiene que estar formado por un verbo, siendo éste el componente imprescindible.

Juan corre.

Además del verbo pueden aparecer otros elementos:

Juan corre poco.
Belén tiene patatas.
Ana es muy guapa.

En ciertas oraciones el verbo se omite por sobreentenderse:

Juan ha dicho que vendría hoy. Ana, también.

En la segunda oración no se repite vendría por sobreentenderse, y en su lugar se pone una coma que señala la omisión del verbo.

4.1. *Predicado nominal*

El predicado puede ser verbal o nominal, siendo el nominal el que nos ocupa en este apartado.

El predicado nominal es el que está constituido por *ser, estar* o *parecer*. Estos verbos son los llamados verbos copulativos.

El verbo copulativo (*ser, estar, parecer*) carece de significado. Estos verbos se consideran cópulas entre un sustantivo (sujeto) y un nombre o adjetivo (atributo). El adjetivo dice algo del sujeto, le atribuye alguna cualidad o estado, que se llama atributo y aparece sólo con los verbos copulativos (*ser, estar, parecer*).

El niño es listo.

El niño es el sujeto del verbo copulativo *es*, y *listo*, el adjetivo que desempeña la función de atributo.

El atributo es, por tanto, el adjetivo o nombre que dice algo del sujeto, con el que ha de concordar en género y número. Así, si el sujeto (como en el anterior ejemplo) es masculino y singular, el atributo ha de ser también masculino y singular.

La mujer está enferma.

El sujeto (*la mujer*) es femenino y singular. El atributo (*enferma*), también.

Los gatos son pequeños.

El sujeto (*los gatos*) es masculino y plural. El atributo (*pequeños*) es también masculino y plural.

Tu primo parece tonto.

Sujeto (*tu primo*) masculino y singular. Atributo (*tonto*), también.

Luego el hecho de que haya de concordar el atributo con el sujeto sirve a su vez como modo de constatación de que el sustantivo o adjetivo desempeña, efectivamente, la función de atributo.

Pues bien, si el verbo es copulativo y por tanto existe un atributo podemos decir que estamos ante un predicado nominal.

No son los únicos verbos copulativos *ser, estar, parecer*, pues hay otros que en ciertos contextos se comportan como tales, es decir que pierden su significado y se convierten en cópulas que sirven de enlace entre sujeto y atributo.

(1) *Juan se ha puesto gordísimo.*
(2) *Ana se ha vuelto insoportable.*

Comparemos los ejemplos (1) y (2) con los ejemplos (3) y (4):

(3) *Juan se ha puesto la chaqueta.*
(4) *Ana se ha vuelto a su casa.*

En los ejemplos (1) y (2) los verbos han perdido su significado, que es el que muestran en (3) y (4), convirtiéndose en cópulas entre sujeto y adjetivo.

Ahora bien, también en los casos de *ser, estar, parecer* podemos encontrar que no funcionen como verbos copulativos. Esto sucede cuando no son cópulas entre un sujeto y un atributo. Es decir que cuando no haya atributo, *ser, estar, parecer* no funcionarán en la oración como verbos copulativos.

Marcos está en Valladolid.
La boda será en Alemania.
Te pareces mucho a tu padre.

4.2. *Predicado verbal*

El predicado verbal es el que tiene como verbo a un verbo denominado predicativo, que, al contrario del copulativo, posee significado pleno. Serán, pues, verbos predicativos todos los que no sean copulativos.

El predicado formado por estos verbos es el denominado predicado verbal, y puede estar compuesto sólo por un verbo o por un verbo + complementos.

Bernarda quiere lechuga.
Antonia desea más carne.
Bartolomé se ha bebido toda la leche.
Alberto comprará los bocadillos para la fiesta.

Bibliografía

ALARCOS LLORACH, E.: *Gramática de la lengua española,* 6.ª reimpresión, Madrid, 1995.

ALSINA, R.: *Todos los verbos castellanos conjugados,* 10.ª edición, Madrid, 1980.

BLANCO HERNÁNDEZ, P.: *Verbos españoles,* Málaga, 2002.

BUITRAGO, A. y TORRIJANO, A.: *Guía para escribir y hablar correctamente en español,* 1.ª edición, Madrid, 2000.

DICCIONARIO EVEREST, 1.ª edición, Madrid, 1974.

GILI GAYA, S.: *Resumen práctico de gramática española,* 10.ª edición, Madrid, 1981.

GILI GAYA, S.: *Ortografía práctica española,* 7.ª edición, Barcelona, 1976.

GÓMEZ TORREGO, L.: *Gramática didáctica del español,* 8.ª edición, Madrid, 2002.

GÓMEZ TORREGO, L.: *Ortografía de uso del español actual,* Madrid, 2000.

LÁZARO CARRETER, F.: *El dardo en la palabra,* 1.ª edición, Barcelona, 1997

MARTÍNEZ DE SOUSA, J.: *Diccionario de usos y dudas del español actual,* 3.ª edición, Barcelona, 2001.

MESANZA LÓPEZ, J.: *Ortografía. Método individualizado y activo,* Madrid, 1991.

ONIEVA, ANTONIO. J.: *Tratado de ortografía razonada,* 5.ª edición, Madrid, 1989.

REAL ACADEMIA ESPAÑOLA: *Diccionario de la lengua española,* 22.ª edición, Madrid, 2001.

REAL ACADEMIA ESPAÑOLA: *Ortografía de la lengua española,* Madrid, 1999.

SÁNCHEZ LOBATO, J. y GARCÍA FERNÁNDEZ, N.: *Gramática,* 3.ª edición, Madrid, 2001.

SECO, M.: *Diccionario de dudas y dificultades de la lengua española,* 10.ª edición, Madrid, 1998.

SECO, M.: *Gramática esencial del español,* 4.ª edición, Madrid, 2002.

VILLAR, C.: *Guía de verbos españoles,* Madrid, 2001.